KB245669

Happy chinese

최고를 향해 **한 발 한 발** 나아가는 **절대 커리큘럼**

중국어 교실 下

Happy Chinese

중국어교실 초급 下

지은이 한민이
펴낸이 임준현
펴낸곳 넥서스CHINESE

초판 1쇄 발행 2007년 10월 10일
초판 7쇄 발행 2012년 9월 25일

출판신고 2001년 12월 5일 제 313-2005-000004호
122-040 서울시 은평구 통일로 82길 17
Tel (02)330-5500 Fax (02)330-5555

ISBN 978-89-5795-138-5 94720
     978-89-5795-139-2 (세트)

저자와 출판사의 허락 없이 내용의 일부를
인용하거나 발췌하는 것을 금합니다.

가격은 뒤표지에 있습니다.
잘못 만들어진 책은 구입처에서 바꾸어 드립니다.

www.nexusbook.com
넥서스CHINESE는 (주)넥서스의 중국어 전문 브랜드입니다.

넥서스CHINESE

Happy Chinese

중국어 교실 下

PART 01

我学了一年汉语了。

나는 중국어를 1년째 배우고 있습니다.

학습목표

1 친구를 기다린다거나 외국어를 배울 때처럼, 우리가 어떠한 동작을 하는 데 걸린 시간이나 어떠한 상태가 지속된 시간을 나타내는 '시량보어(时量补语)' 에 대해 알아봅니다.

2 중국어에서 많이 쓰는 부사 '才' 와 '就' 에 대해 알아봅니다.

기본회화   *12* page

A : 你学了多长时间汉语？ 넌 중국어 얼마나 배웠어?

▷ 어떤 동작을 하는데 걸린 시간을 물을 때, '多长时间' 이란 표현을 씁니다.

B : 我学了一年汉语。 난 중국어를 1년 동안 배웠어.

▷ '一年' 은 중국어를 배우는 데 걸린 시간을 나타내는 시량보어입니다.

▷ 위의 표현은 중국어를 이미 1년 동안 배운 상태이고, 현재까지 지속되고 있는지는 모르는 상황입니다.

A : 你怎么现在才来？ 我等了你三个小时了。
너 왜 지금에서야 와? 세 시간 동안 기다렸잖아.

▷ '才' 는 불만의 어기를 나타내고, '怎么' 는 '为什么' 로 바꿔 쓸 수 있습니다.

▷ '我等了~' 는 인칭대명사가 목적어일 경우, 반드시 시간보어 앞에 위치합니다.

B : 不好意思！让你久等了。 미안해. 오래 기다리게 해서.

▷ '让你久等了' 에서 '당신으로 하여금 오랫동안 기다리게 했습니다' 의 의미를 나타냅니다.

A : 累了？那你先休息一会儿吧。 피곤해? 그럼 우선 좀 쉬도록 해.

▷ '累了' 는 원래 '累了吗?' 로 '吗' 가 생략되어 있습니다.

▷ '累了' 의 '了' 부분은 올려서 발음합니다.

B : 好的。 그래.

A : 每天你看几个小时电视？ 너 매일 몇 시간이나 텔레비전을 보니?

▷ 매일 반복되는 동작에는 술어 뒤에 '了' 를 붙이지 않습니다.

B : 每天我看一个小时电视。 매일 한 시간씩 텔레비전을 봐.

3

상황회화

东东 　你怎么才来？我们等了你一个半小时了。

너 왜 이제야 와? 우리 한 시간 반이나 기다렸잖아.

▷ '小时'는 '钟头', '钟点儿'와는 바꿔 쓸 수 있지만, '时间'과는 바꿔 쓸 수 없습니다.

李娜 　不好意思！让你们久等了。 미안해. 오래 기다리게 해서.

同学 　听说你们俩学汉语，是吗？ 너희 둘 중국어 배운다면서, 정말이야?

李娜 　嗯。我学了三个月了。 응. 난 3개월째 배우고 있어.

▷ '~째'라고 표현할 때는 문장 끝에 '了'를 한 번 더 써줍니다.

东东 　我学了半年了。 난 반 년 되었어.

▷ '半年'은 '六个月'라 쓸 수 있습니다.

同学 　汉语难不难？ 중국어 어려워?

▷ 汉语难学吗？(중국어 배우기 어려워요?)라고 물을 수도 있습니다.

东东 　还可以吧。 그런대로 괜찮아.

李娜 　我觉得汉语有点儿难，可是很有意思。 조금 어렵지만, 재미있어.

▷ '有点儿'이 형용사 앞에 올 때는 약간 '불만스러운' 어감을 나타냅니다.

▷ '有意思'의 반대말은 '没(有)意思'입니다.

同学 　不管你们怎么说，我还是想学。

너희들이 어떻게 말하든, 난 배울 생각이야.

▷ '不管'은 '~에 관계없이' '~을 막론하고'의 의미를 나타냅니다. '不管~还是'는 '~에 상관
없이 ~하려고 하다'의 의미를 나타냅니다.

李娜 　那明天你也去报名吧。 그럼 너도 내일 등록해.

어법배우기

1　시량보어(时量补语) (1)

[긍정형]

① 과거의 어느 시점에 '~했었다'라고 할 경우

· 我看了一个小时。 저는 한 시간 동안 보았습니다.

▷ 이미 어떤 동작을 완료한 것에 대해서는 동태조사 '了'를 붙입니다. 이때는 단순히 '그러한 사실이 있
었다'는 것만 알 수 있을 뿐, 시제는 알 수 없습니다.

· 我看了两个小时杂志。 저는 두 시간 동안 잡지를 보았습니다.

▷ 이 문장은 '我看了两个小时的杂志。'라고 쓸 수 있습니다.

· 他睡觉睡了半个小时。 그 사람은 30분 동안 잤습니다.

▷ 동사 술어가 이합사일 경우 동사 부분을 한 번 더 써줍니다.(시량보어는 두 번째 동사 술어 뒤에 위치합니다.)

· 我等了半天韩老师。 저는 한 선생님을 한참 동안 기다렸습니다.

▷ 목적어가 인칭대명사일 경우 반드시 시간보어 앞에 위치합니다.

· 我等了你半天。 나는 너를 한참 기다렸어.

▷ '半天' 이 시간보어로 쓰일 때는 '한나절' 이 아니라, '한참 동안' 으로 해석합니다.

② 과거의 어느 시점에서부터 지금 현재까지 계속 해 오고 있는 경우

▷ 이 경우에는 문장 끝에 '了' 를 한 번 더 써주는데, 두 번째 '了' 는 상황이 계속 변화되고 있음을 나타냅니다.

· 她哭了两个小时了。 그 애는 두 시간째 울고 있어요.
· 李娜学了一年汉语了。 李娜는 중국어를 1년째 배우고 있습니다.
· 小李等了你十年了。 이 군은 너를 10년 동안 기다렸어.

③ 부사어가 나오는 경우

· 他在上海住了三年。 그 사람은 상하이에서 3년 동안 살았습니다.
· 昨天我游泳只游了半个小时。 어제 나는 수영을 30분 동안만 했습니다.
· 我妹妹学英语刚学三个星期。 내 여동생은 영어를 배우기 시작한 지 겨우 3주 됐어요.
· 她学韩语要学一年。 그녀는 한국어를 1년 동안 배우려 해요.

▷ 위의 문장은 아직 발생하지 않은 미래의 상황을 나타냅니다.

④ 시량보어를 묻는 의문문

· A ：你学汉语学了多长时间了？ 너 중국어를 배운 지 얼마나 됐니?
  A-1 ：你学了多长时间(的)汉语了？ 너 중국어를 배운 지 얼마나 됐니?
  B ：我学了半年了。 저는 반년째 배우고 있습니다.
  B-1 ：我学了半年(的)汉语了。 저는 중국어를 반년째 배우고 있습니다.

· A ：从首尔到北京坐飞机要多长时间？
  서울에서 베이징까지 비행기로 얼마나 걸려요?

· B ：从首尔到北京坐飞机要两个钟头。
  서울에서 베이징까지 비행기로 두 시간 걸려요.

2 부사 才, 就

① 才

· 三点半开会，四点半他才来。
  3시 반에 회의 시작인데, 4시 반에서야 그 사람은 나타났습니다.

· 你怎么才来？ 너 왜 이제야 오니?

· 五岁才会说话呢。다섯 살에야 말을 하게 됐습니다.
· 都三十八岁了，才结婚。서른여덟에야 결혼을 했어요.

② 就

· 九点上课，八点他就来了。9시에 수업 시작인데, 그 앤 8시에 이미 왔어요.
· 他昨天就走了。그는 어제 이미 갔다.
· 六岁的时候，他娘就死了。여섯 살 때, 그 사람 어머니는 돌아가셨어요.
▷ 娘 = 妈 어머니 / 爹 = 爸 아버지

16 page

1 정답 B A：(男) 你学了多长时间汉语？중국어를 얼마나 배우셨죠?
B：(女) 我刚学一个月。한 달 됐습니다.
问：女的学了多长时间汉语？여자는 얼마 동안 중국어를 배웠습니까?

2 정답 A A：(男) 你刚到吧？너 방금 도착했지?
B：(女) 啊？我等了你三个钟头了。뭐? 난 널 3시간이나 기다렸어.
问：女的等了他多长时间了？여자는 그를 얼마 동안 기다렸습니까?

3 정답 B A：(男) 听说，李珉在上海住了三年？李珉은 상하이에서 3년 살았다며?
B：(女) 对，李珉在那儿呆了三年。응. 李珉은 상하이에서 3년 살았어.
问：李珉在哪儿住了三年？李珉은 어느 곳에서 3년을 살았습니까?

4 정답 B A：(男) 昨天李娜游泳游了半天吧？어제 李娜는 수영을 한참 동안 했지?
B：(女) 没有，昨天她只游了半个小时。아니, 어제 李娜는 30분밖에 안 했어.
问：昨天李娜游泳游了多长时间？어제 李娜는 얼마 동안 수영을 했습니까?

5 정답 C A：(男) 你汉语说得很好。너 중국어 정말 잘한다.
B：(女) 谢谢夸奖！还差得远呢。칭찬 고마워! 근데 아직 멀었어.
问：女的意思是什么？여자가 말한 의미는 무엇입니까?

17 page

李娜는 한국인입니다. 그녀는 중국을 좋아합니다. 그녀는 중국 음식을 좋아합니다. 만두·진빵·국수 역시 좋아합니다. 그런데 향채는 아직 잘 못 먹습니다. 그녀는 중국 과일도 매우 좋아합니다. 李娜는 중국의 과일은 맛있을 뿐 아니라 값도 싸다고 말합니다. 그녀가 중국에 온 지도 반년이 되어갑니다. 그녀는 매우 열심히 공부해 성적도 좋습니다. 李娜는 매일 저녁 4시간 동안 공부합니다.

1 A : 李娜来中国多长时间了？ 李娜는 중국에 온 지 얼마나 되었습니까?

  B : 李娜来中国半年左右(=快半年了)。 李娜는 중국에 온 지 반년 정도 되었습니다.

2 A : 李娜不能吃什么菜？ 李娜는 어떤 음식을 못 먹습니까?

  B : 李娜不能吃香菜。 李娜는 향채를 못 먹습니다.

3 A : 李娜学得怎么样？ 李娜의 공부는 어떠합니까?

  B : 李娜学得很用功, 成绩很好。 李娜은 매우 열심히 공부하며, 성적도 매우 좋습니다.

4 A : 李娜每天晚上学习多长时间？ 李娜는 매일 저녁 얼마 동안 공부를 합니까?

  B : 李娜每天晚上学习四个小时。 李娜는 매일 저녁 4시간 동안 공부를 합니다.

HSK 语法   18 page

1 정답 C : 九点开会, 八点他就来了。 9시에 회의가 시작인데, 그는 8시에 이미 왔습니다.

2 정답 D : 我等你等了两个钟头。 나는 널 두 시간 기다렸어.

3 정답 D : 从首尔到北京坐飞机要多长时间？
서울에서 베이징까지 비행기로 얼마나 걸리나요?

4 정답 D : 我来中国快半年了。 나는 중국에 온 지 반년이 되어갑니다.

5 你怎么才来？ 너 왜 이제야 오니?

6 八点上课, 七点他就来了。 8시에 수업 시작인데, 그 앤 7시에 이미 왔습니다.

7 五岁才会说话呢。 5살에야 말을 했습니다.

8 六岁的时候, 他妈就死了。 여섯 살 때, 그 사람 어머니는 돌아가셨습니다.

HSK 写作   19 page

1 东东听音乐刚听半个钟头(=小时)。

2 我等了你半天了。

3 我在北京住了三年多了。

4 李珉学了一年汉语了。

5 她学韩语要学一年。

6 他昨天就走了。

7 五岁, 他才会说话呢。

8 他等了我多长时间了。

PART 02

你们是不是吵架了?

당신들 싸웠습니까?

학습목표
1 어떤 동작이 완료된 시점부터 시간을 계산해나가는 비지속성 동사(结束性动词)로 시량보어를 표현하는 방법을 알아봅니다.
2 일상회화에서 많이 쓰는 시량보어의 특수한 표현에 대해 알아봅니다.

기본회화 22 page

A : 你大学毕业几年了?　대학 졸업한 지 몇 년 됐어요?

B : 我大学毕业快五年了。　대학 졸업한 지 5년째 되어가요.

▷ '毕业'는 이합사이면서 '비지속성 동사'입니다. 이합사이므로, 목적어 '大学'가 앞으로 나왔고, 비지속성 동사이기 때문에 '毕业' 뒤에 '了'를 붙이지 않습니다.

A : 你们结婚多长时间了?　두 분 결혼하신 지 얼마나 되었어요?

B : 我们结婚一年半了。　우리 결혼한 지 1년 반 되었어요.

A : 他几天没回家?　그 사람 며칠 동안 집에 안 왔어요?

B : 他三天没回家。　그 사람 3일 동안 집에 안 왔어요.

▷ 특정한 시간 동안 발생한 일을 설명할 때, 시량보어를 앞에 써줍니다.

A : 你们公司每年春节放几天假?　너네 회사는 매년 설에 며칠 동안 쉬니?

B : 我们公司每年春节放十天假。　우리 회사는 매년 설에 10일 동안 휴가야.

▷ 규칙적으로 발생하는 동작에 대해 시량보어를 쓸 때는 동태조사 '了'를 붙이지 않습니다.

李娜　哥，你不去见小英姐呀？你们是不是吵架了？
오빠, 소영 언니 만나러 안 가? 오빠네 싸웠지?
▷ '是不是'에는 '내가 보기엔 싸운 거 같은데 맞지?' 하는 의미를 나타냅니다.

李珉　吵什么架？我们从来没吵过架。
싸우긴 왜 싸워? 우리 한 번도 싸운 적 없어.
▷ '吵架'가 이합사이기 때문에 '什么'가 '吵'와 '架' 사이에 들어갑니다.
▷ 打架 주먹다짐하다

李娜　是吗？不会吧。그래? 그럴 리가!
▷ '不会吧'는 "에이, 아닌 거 같은데!" 하는 의미를 나타냅니다.

李珉　你这个小丫头走开… 别烦我了。이 계집애, 저리가… 귀찮게 하지 말고.
▷ '小丫头'는 친한 사이에 쓸 때는 '귀여워하는' 의미를 나타냅니다. 하지만 하대하는 경우에는
　 '계집애' 등의 의미를 나타냅니다.

李娜　哥，如果你们俩结婚，像我爸妈那样恩恩爱爱就好了。
오빠, 오빠랑 소영 언니도 결혼해서 엄마 아빠처럼만 금실이 좋으면 그만인데.
▷ '像…那样…' '~처럼 그렇게 ~하다' (비교문의 한 형식입니다)
▷ '恩恩爱爱'는 '恩爱'의 중첩형으로 '(부부간의) 애정', '(부부간에) 사랑이 깊다' 등의 의미
　 를 나타냅니다.

李珉　啊，对了！爸爸妈妈结婚快三十年了吧？
아, 맞다! 엄마 아빠 결혼하신지 벌써 30년 가까이 되어 가지?
▷ '结婚'은 비지속성 동사로 시량보어를 쓰는 문장에서 비지속성 동사 뒤에 목적어가 동반될 때는
　 '了'를 붙이지 않습니다.

李娜　后天不是他们的结婚纪念日吗？모레가 부모님 결혼기념일 아냐?

李珉　我们应该给他们送点儿礼物。우리 부모님께 선물 좀 해야지.
▷ '(一)点儿'은 '礼物(선물)'를 수식해주고 있습니다. 여기서는 명사 앞에서 관형어로 쓰였기
　 때문에 '有点儿'과 바꿔 쓸 수 없습니다.
▷ '(一)点儿'과 '有点儿'의 차이: '(一)点儿'은 수량이 아주 적음을 나타내며, 형용사 뒤에서
　 수량보어로 쓰이거나, 명사 앞에서 관형어로 쓰입니다. '有点儿'은 동사나 동사구 앞에 쓰여 부
　 사의 역할을 하며, 이때 정도의 가벼움을 나타냅니다.

李娜　那我们俩明天下午去买，怎么样？
그럼 우리 내일 오후에 같이 사러가자. 어때?

李珉　好的。好的。그래. 그래.

1 시량보어(时量补语) (2)와 비지속성 동사

[기본문형]

- 他来(了)一个月了。 그가 온 지 한 달이 되었습니다.
- 她死(了)三年了。 그녀가 죽은 지 3년 되었습니다.
  ▷ 비지속성 동사는 동작이 '끝났음'을 표현하기 때문에 뒤에 '了'를 안 써도 되지만, 1음절 동사일 때 는 써주는 경우도 있습니다.
- 我来北京一年多了。 나는 베이징에 온 지 1년 남짓 되었습니다.
- 小李离开这个城市很长时间了。 이 군이 이 도시를 떠난 지 꽤 오래되었어요.
- 已经下课三刻钟了，教室里没有人了。
  수업 끝난 지 45분이나 지나, 교실에는 아무도 없습니다.

[비지속성 동사 + 부사어 + 시량 보어]

- 他大学毕业快三年了。 그가 대학 졸업한 지 3년이 되어갑니다.
- 他们结婚将近五年了。 그 사람들 결혼한 지 거의 5년 되어갑니다.
  ▷ '将近'은 '거의 ~에 가깝다'의 의미를 나타냅니다.
- 我爸爸已经起床半个小时了。 우리 아빠는 일어나신 지 벌써 30분이나 되었습니다.
  ▷ '起床'을 보면 우리와 중국 문화의 차이점을 알 수 있습니다. 중국은 침대 생활이라 '起床', 우리는 온돌 문화라 '起枕'입니다.

2. 시량보어의 특수 형태

① 습관적이고 규칙적인 동작을 표현할 때
- 他每天睡五个小时。 그 사람 매일 5시간씩 잡니다.
- 我每天晚上写一个小时日记。 나는 매일 밤 한 시간 동안 일기를 씁니다.
- 他们公司每年春节放十五天假。
  그 사람네 회사는 매년 설 때마다 휴가를 15일 씩 줍니다.
- 吃午饭后他常常弹半个小时吉他。
  점심을 먹고 난 후 그는 자주 30분씩 기타를 치곤 합니다.
  ▷ 弹钢琴 피아노를 치다 | 弹琵琶 비파를 타다 | 拉小提琴 바이올린을 켜다

② 어떤 시간 동안에 발생했던 일이나, 존재했던 상황에 대해 설명할 때
- 他一个月写了一本书。 그는 한 달 만에 책 한 권을 썼어요.
- 她三天没回家。 그녀는 3일이나 집에 돌아오지 않았습니다.
- 前天晚上我妈妈一夜没睡。 그저께 밤에 우리 엄마는 밤새 한숨도 못 주무셨습니다.
- 他已经五天没吃饭，没笑。
  그 사람은 이미 5일 동안이나 밥도 안 먹고, 웃지도 않습니다.

[TIP]

· 我们八点看电影，怎么样？ 우리 8시에 영화 보자. 어때?

· 今天晚上七点在老地方见吧！ 오늘 밤 7시에 아지트에서 봐!

· 昨天晚上我睡了八个小时。 어젯밤 8시간 잤어.

· 我等了你三个钟头了。 나 너 3시간이나 기다렸어.

HSK 听力

26 page

1 정답 B A：(男) 你来中国多长时间了？ 너 중국에 온 지 얼마나 됐어?
B：(女) 快两年了。 2년 되어 가.
问: 女的意思是什么？ 여자가 말한 의미는 무엇입니까?

2 정답 C A：(男) 我每天只能睡四个小时。 나는 매일 4시간밖에 못 자.
B：(女) 这样白天不累吗？ 그러면 낮에 안 피곤하니?
问: 女的意思是什么？ 여자가 말한 의미는 무엇입니까?

3 정답 B A：(男) 你一个月写了几本书？ 너 한 달 동안 몇 권의 책을 썼는데?
B：(女) 我一个月写了两本书。 저는 한 달 동안 두 권의 책을 썼습니다.
问: 女的一个月写了几本书？ 여자는 한 달 동안 몇 권의 책을 썼습니까?

4 정답 D A：(男) 吃午饭后，你常常做什么？ 점심 먹고, 너 주로 뭐해?
B：(女) 吃午饭后，我常常弹半个小时吉他。
점심 먹고, 주로 30분 정도 기타를 쳐.
问: 吃午饭后，女的常常做什么？
점심을 먹고, 여자는 주로 무엇을 합니까?

5 정답 D A：(男) 你已经结婚了吧？ 너 이미 결혼했지?
B：(女) 你说谁呢？ 누구 말야?
问: 女的意思是什么？ 여자가 말한 의미는 무엇입니까?

HSK 口语

27 page

이 애는 나의 친구 东东입니다. 우리는 베이징 대학에 다닙니다. 그는 영문과이고, 저는 중국어를 전공합니다. 우리 아빠와 그의 아빠도 친구 사이입니다. 나와 东东은 둘 다 영화 보러 가는 것을 좋아합니다. 토요일이면 우리는 함께 영화를 보거나 수영을 하러 갑니다. 东东은 수영을 아주 잘해서 200m는 헤엄쳐 갈 수 있습니다. 저녁에 우리는 자주 东东의 집에서 저녁을 먹습니다. 그의 엄마가 만든 요리는 아주 맛있습니다. 나는 특히 东东의 엄마가 만들어 주는 중국 요리를 가장 좋아합니다.

1 A : 他们在哪儿学习？ 그들은 어디에서 공부합니까?

   B : 他们在北京大学学习。그들은 베이징 대학에서 공부합니다.

2 A : 他们俩都喜欢做什么？ 그 둘은 무엇 하는 것을 좋아합니까?

   B : 他们俩都喜欢去看电影。그 둘은 영화 보는 것을 좋아합니다.

3 A : 他们俩的爸爸是什么关系？ 그 둘의 아빠는 어떤 관계입니까?

   B : 他们俩的爸爸是朋友。그 둘의 아빠는 친구 사이입니다.

4 A : 谁游得好？ 누가 수영을 잘합니까?

   B : 东东游得很好。东东은 수영을 아주 잘합니다.

HSK 语法
28 page

1 정답 D : 我来北京一年多了。나는 베이징에 온 지 1년이 넘었습니다.

2 정답 B : 他一个月写了一本书。그는 1개월 만에 책 한 권을 썼습니다.

3 정답 C : 他三天没回家。그는 삼 일 동안 집에 가지 않았습니다.

4 정답 A : 只睡四个小时，白天不累吗？ 네 시간만 자면, 낮에 안 피곤하니?

5 他们结婚将近三年了。그들은 결혼한 지 3년이 되어갑니다.

6 他离开这个城市很长时间了。그는 이 도시를 떠난 지 아주 오래되었습니다.

7 已经下课三刻钟了，教室里没有人了。

   수업이 끝난 지 45분이나 되어, 교실에는 아무도 없습니다.

8 他几天没回家？ 그 사람 며칠 동안 집에 안 왔어?

HSK 写作
29 page

1 你们是不是吵架了？

2 你们结婚多长时间了？

3 我大学毕业快五年了。

4 她死了三年了。

5 下课有一个小时吧？

6 他来了一个月了。

7 前天晚上我妈妈一夜没睡。

8 我每天晚上写一个小时日记。

你们考完了吗?

너네 시험 끝났니?

학습목표
1 동작에 어떤 결과가 있는지를 표현해주는 결과보어(結果补语)에 대해 알아봅니다.
2 '까마귀 날자 배 떨어진다' 라는 속담과 같이, 어떤 동작이 앞의 동작에 이어 바로 발생함을 나타내는 '一…就…' 용법에 대해 알아봅니다.

기본회화　**34 page**

A : 吃完晚饭去喝一杯，怎么样? 저녁 (다) 먹고, 한잔하러 가는 거 어때?
▷ 早饭 아침밥 | 午饭 점심밥 | 晚饭 저녁밥 | 点心 간식 | 夜宵 야참

B : 好啊，你在QQ酒巴等我吧。 좋지. 너 'QQ바' 에서 기다려.

A : 找到工作了吗? 직장 구했어?

B : 没有，我正在找呢。 아니, 구하고 있는 중이야.
▷ '正在……呢' 는 진행형입니다.

A : 你们听懂了没有? 여러분 이해됐어요?
▷ 결과보어를 쓰는 문장을 반복의문문으로 만들 때, '了没有' 를 써줍니다.

B : 听懂了。 이해됐습니다.
▷ '听懂' 을 정확하게 번역하면 '들어서 이해하다' 라는 뜻이 됩니다.

A : 你们是一见钟情吧? 두 분 첫눈에 반하신 거죠?
▷ '一见钟情(=一见倾心)' 은 '첫눈에 반하다' 의 의미를 나타냅니다.
▷ 위 문장에서 '吧' 는 화자의 추측을 나타냅니다.

B : 对! 我一见到她就爱上她了。 네. 저는 그녀를 보자마자 사랑에 빠졌습니다.
▷ '一…就…' 는 '~하자마자 ~하다' 의 의미를 나타냅니다.
▷ '到' 와 '上' 모두 결과보어입니다.

李娜	东东，你们考完了吗？ 东东, 너네 시험 끝났어?
东东	上星期五考完了，你们呢？ 지난주 금요일에 끝났어. 너네는?
李娜	还没考完。期中考试考得怎么样？ 아직 안 끝났어. 중간고사 어땠어?
东东	别提了，考砸了。 말도 마. 죽 쒔어.

▷ '别提了' 는 '别说了' 로 바꿔 쓸 수 있고, 둘 다 '말도 마요~', '얘기도 꺼내지 마세요' 의 의미를 나타냅니다.

▷ 砸 실패하다, 망치다

▷ '考砸了' 는 '考得不好' 로 바꿔 쓸 수 있지만, 뜻이 많이 약해집니다.

李娜	怎么了？ 왜 그랬는데?
东东	考试前我的肠炎又犯了，没好好儿准备。

시험 전에 장염이 도져서, 준비를 잘 못했어.

▷ '没好好儿准备' 는 '没准备好' 라고 쓸 수도 있습니다. 전자의 '好' 는 중첩형으로 부사어로 쓰이고, 후자의 '好' 는 결과보어로 쓰인 것입니다. '没好好儿准备' 는 준비는 했지만 제대로 안 된 것이고, '没准备好' 는 준비가 아직 안 된 것입니다.

李娜	没事儿。还有期末考试呢。 괜찮아. 기말고사도 있잖니.
东东	你呢？考得好啊？ 너는? 잘 봤어?
李娜	我才不是书呆子，这个你也知道嘛。

나야 뭐 책벌레도 아니고, 너도 내가 어떤지 알잖아.

▷ '才' 는 강조용법으로 '약간 부정적인' 의미를 나타냅니다.

东东	哈哈。你也真是的。 하하. 너도 참.

▷ '你也真是的' 는 일상회화에서 관용어처럼 쓰입니다.

어법배우기　36 page

1 결과보어(结果补语) (1)

[기본문형]

· 我听懂你的话了。네 말 알아들었어.

· 我妈妈做完晚饭了。엄마는 저녁 준비를 다 하셨습니다.

· 他买到了三本英语书。그는 영어책 세 권의 샀습니다.

· 坐在前面的是吴老师。앞쪽에 앉아 계신 분은 오 선생님이세요.

· 你要的那本书我买到了。네가 필요하다고 했던 그 책 내가 샀어.
▷ 목적어가 길거나 강조할 때 '전치목적어'를 씁니다.
· 星期天我吃完早饭就去看朋友。
일요일에 나는 아침을 먹고는 바로 친구한테 갈 거야.

[부정형]

· 我们没买到火车票。우리는 기차표를 못 샀어요.
· 我还没(有)做完呢。난 아직 다 못했어요.
▷ 동작이 아직 완료되지 않았음을 나타낼 때는 '还没有…呢'를 씁니다.
· 我昨天一天没看见他。난 어제 하루 동안 그 사람을 못 봤어요.
· 电影里的人说得很快，我没听懂。
영화 속 배우의 말이 너무 빨라서, 난 못 알아들었어.

[의문형]

· A ：孟科长要的机票，你买到了吗？맹 과장님이 사달라던 항공권, 샀어요?
B-1 ：我已经买到了。저 벌써 샀어요.
B-2 ：没买到。못 샀어요.
· A ：你洗完澡了没有？너 샤워 다 했어?
▷ '了' 뒤에 '没有'를 붙여 반복의문문을 만듭니다.
B-1 ：洗完了。다 했어.
▷ '洗澡'는 이합사(离合词)이기 때문에 결과보어를 쓸 때, 동사부분 '洗' 뒤에 써야합니다.
'洗完澡'(O) / '洗澡完'(X)
B-2 ：没有。아니.

[TIP]

· 看没看完？다 봤어요?
· 听没听懂？이해했어요?

2　一…就…

① 두 가지 동작이 바로 이어서 발생함

· 我一见她就爱上了。나는 그녀를 보자마자 사랑하게 되었습니다.
· 他一看我跟别人在一起就生气了。
그는 내가 다른 사람과 같이 있는 걸 보고는 화를 냈습니다.
· 李娜一吃完饭就走了。李娜는 밥을 먹자마자 갔습니다.

② '～하기만 하면～하더라'의 의미

· 他一生气就不说。그 사람은 화만 났다 하면 아무 말도 안 해요.
· 小朴一喝醉就哭。박군은 술만 마시면 울어요.
· 我听见他的声音就觉得很舒服。나는 그 사람 목소리만 들으면 마음이 편해집니다.

· 他一和女孩子说话，脸就红。그 사람은 여자애와 얘기만 하면 바로 얼굴이 빨개집니다.

· 你一打，他就跑。자네가 때리면, 그 녀석 금방 도망갈 거야.

3 先…(然后)再…

· 你先去买酒，然后再去买菜。너는 먼저 가서 술을 사고, 그 다음 음식을 사러 가거라.

· 我想先洗个澡，再去吃饭。먼저 샤워 좀 하고 나서 밥 먹으러 가려고요.

· 咱们先打个电话再去。우리 전화해보고 가자.

· 这次旅行，我打算先到上海，再去广州。
이번 여행에서는 먼저 상하이에 갔다가 그 다음에 광저우로 갈 생각이에요.

HSK 听力

38page

1 정답 D A : (男) 电影票买到了没有？영화표 샀니?

B : (女) 我去的时候，已经卖完了。내가 갔을 때, 이미 매진이었어.

问: 女的意思是什么？여자가 말한 의미는 무엇입니까?

2 정답 B A : (男) 你住在仁川吗？너 인천에 사니?

B : (女) 我以前住过那儿，上个月搬到首尔了。
이전에는 거기 살았었는데, 지난달에 서울로 이사했어.

问: 女的现在住在哪儿？여자는 현재 어디에 살고 있습니까?

3 정답 C A : (男) 你男朋友寄给你什么东西了？네 남자 친구가 너한테 뭘 보냈니?

B : (女) 我男朋友寄给我一件毛衣。
내 남자 친구는 나에게 한 벌의 스웨터를 보냈어.

问: 女的男朋友寄给她什么东西了？
여자의 남자 친구는 그녀에게 무엇을 보냈습니까?

4 정답 A A : (女) 今天的作业你做完了吗？오늘 숙제 다 했어?

B : (男) 我想先吃午饭，然后再做作业。
나는 점심부터 먹고 난 후, 숙제를 할 생각이야.

问: 男的想先做什么？남자는 먼저 무엇을 할 생각입니까?

5 정답 B A : (男) 刚才你听见他的声音了吗？
너 방금 그 사람 목소리 들었어?

B : (女) 我什么都没听见。난 아무것도 못 들었어.

问: 女的意思是什么？여자가 말한 의미는 무엇입니까?

우리 학교 근처에 한국 의류 전문 매장이 있습니다. 이 매장은 그리 크지는 않지만, 물건은 매우 많습니다. 청바지, 치마, 원피스, 그리고 각양각색의 모자까지 많이 있습니다. 우리 반 친구들은 모두 거기서 옷을 삽니다. 지난주 금요일에 나는 李娜와 쇼핑하러 갔다가 청바지 하나를 찍었는데, 그날은 내게 맞는 사이즈가 없었습니다. 오늘 오전에 다시 갔더니, 점원이 내일 도착한다고 말했습니다.

1 A : 韩国服装专卖店在哪儿? 한국 의류 전문 매장은 어디에 있습니까?

　　B : 韩国服装专卖店在我们学校附近。한국 의류 전문 매장은 우리 학교 근처에 있습니다.

2 A : 这个商店大不大? 이 매장은 큽니까?

　　B : 这个商店不太大。이 매장은 그다지 크지 않습니다.

3 A : 说话人什么时候看好这条牛仔裤呢? 화자는 언제 청바지를 봐 두었습니까?

　　B : 上星期五我看好这条牛仔裤。지난주 금요일에 청바지를 봐 두었습니다.

4 A : 服务员说, 这条牛仔裤什么时候就到?

　　　점원이 말하길, 청바지는 언제 도착한다고 합니까?

　　B : 服务员说, 这条牛仔裤明天就到。내일 도착한다고 합니다.

1 정답 C : 我一见到他就爱上他了。나는 그를 보자마자 사랑에 빠졌습니다.

2 정답 B : 这篇文章他没翻译成中文。이 글을 그는 중문으로 번역하지 않았습니다.

3 정답 A : 吃完晚饭去喝杯酒吧。저녁을 먹고 나서 술 한잔 하러 가자.

4 정답 B : 你从小就住在那儿吗? 너는 어렸을 때부터 거기서 살았니?

5 我听懂你的话了。나 네 말 알아들었어.

6 李娜一吃晚饭就走了。李娜는 밥을 먹자마자 갔습니다.

7 我昨天一天没看见他。난 어제 하루 동안 그 사람을 못 봤어.

8 他买到了三本英文书。그 사람은 세 권의 영어책을 샀습니다.

1 我还没做完。　　　　　　**2** 我们没买到火车票。

3 先吃完饭, 然后再说吧。　**4** 我已经写完了。

5 这篇文章他翻译成英文了。**6** 我妹妹买到电影票了。

7 我一见她就爱上了。　　　**8** 我想先洗个燥, 再去吃饭。

PART 04

你们吃饱了吗?

배불리 먹었어요?

학습목표
1 형용사가 결과보어로 쓰이는 문장에 대해 알아봅니다.
2 많이 쓰는 동사 /형용사 결과보어에 대해 알아봅니다.

기본회화　　44 page

01

A : 喂！李珉在家吗? 여보세요? 李珉 집에 있나요?
▷ '喂' 의 성조는 2성, 4성 모두 가능합니다.

B : 你找谁? 先生，你打错了。
누구 찾으신다고요? 저기요, 잘못 거셨어요.
▷ '先生' 은 일반적인 남성을 모두 지칭할 때 쓰입니다.

02

A : 对不起，我来晚了。 미안합니다. 늦었습니다.
▷ '来晚了' 는 '迟到了(지각하다)' 로 바꿔 쓸 수 있습니다.

B : 没事儿，快进来吧。 괜찮아요. 빨리 들어오세요.

03

A : 怎么能学好汉语呢? 어떻게 하면 중국어를 잘할 수 있나요?

B : 只要多看多说，就一定能学好。
많이 보고 많이 말하기만 하면, 잘할 수 있습니다.
▷ '只要…就…' 은 ' ~하기만 하면 바로 ~할 수 있다 '의 의미를 나타냅니다.

04

A : 你妈妈的病好多了吗? 어머님 병환은 많이 좋아졌어요?

B : 谢谢! 好多了。 고마워요. 많이 좋아졌어요.

18

王明	这个餐厅的菜怎么样？	이 식당 음식 어때요?

▷ '个'는 '家'와 바꿔 쓸 수 있습니다.

| 李珉 | 好吃极了。 | 너무 맛있어요. |

▷ '极'가 정도보어로 쓰일 때, 뒤에 보통 '了'를 동반합니다.

| 王明 | 你们吃饱了吗？ | 다들 배불러요? |

| 金小英 | 吃饱了。 | 배불러요. |

| 李珉 | 哎呀~ 快要撑死了。 | 아이구, 배 터지겠네. |

▷ '死'가 정도보어로 쓰일 때, 뒤에 보통 '了'를 동반합니다.

| 金小英 | 哈哈，那剩下的菜怎么办？ | 호호. 그럼 남은 음식은 어떻게 해요? |

| 王明 | 这些菜就打包吧。小姐，结账！ | 이것들은 싸가죠 뭐. 아가씨 계산요! |

▷ '些'는 복수형입니다. 한 가지 요리가 아니라, 몇 가지 요리가 남았다는 것을 의미합니다.

▷ '계산하다'를 북방에서는 '结账'이라고 하고, 상하이 이남 지방에서는 '买单'이라고도 합니다.

| 服务员 | 好的。先生，您付现金还是刷卡？ | 네. 손님, 현금요 아니면 카드요? |

▷ '付'는 '交'와 바꿔 쓸 수 있답니다.

▷ 零钱 잔돈 | 硬币 동전

| 王明 | 刷卡。小姐，开个发票。 | 카드로 할게요. 아가씨 영수증도 주세요. |

▷ 중국의 식당 중에는 국제카드를 받지 않는 곳도 있습니다.

▷ 收条 (돈을 빌려주고 받는) 영수증

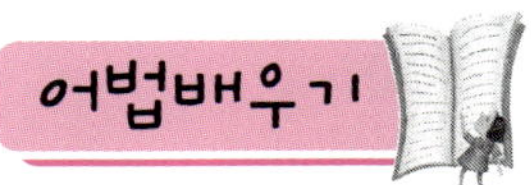

어법배우기　**46** page

1　결과보어(结果补语) (2)

[기본문형]

· 今天的作业我已经做好了。 오늘 숙제 저 벌써 다 했어요.

· 对不起，我来晚了。 미안해요. 제가 늦었네요.

· 我听明白他的意思了。 난 그 사람의 뜻이 뭔지 알았어요.

▷ 明白 명백하다, 알다 | 意思 뜻, 의미

· 那个问题她回答对了。 이 문제를 그녀는 맞게 대답했다.

▷ 回答 대답하다

· 你们走错了，应该往东走。당신들 길을 잘못 들었어요. 동쪽으로 가야 하는데.
▷ 错 틀리다 | 往 ~쪽으로

[결과보어를 쓰는 다른 표현]

· 我不学好汉语绝不结婚。난 중국어를 마스터하지 않으면, 절대로 결혼 안 해.
· 我不做完作业就不吃晚饭。난 숙제 다 못하면 저녁 안 먹을 거야.
· 我不看完这本书，不睡觉。난 이 책을 다 읽지 않으면 안 잘 거야.

[TIP]

· 我听了他的声音。나는 그 사람 목소리를 들었어요.
· 我听见了他的声音。나는 그 사람 목소리를 (확실히) 들었어요.
▷ 声音 목소리
· 我看了那本书。난 그 책을 봤습니다.
· 我看完了那本书。난 그 책을 다 봤습니다.

HSK 听力

48 page

1 정답 B A：(男) 小说里的内容你都看懂了？ 소설 내용 다 알겠니?
B：(女) 差不多吧。거의.
问：女的意思是什么？ 여자가 말한 의미는 무엇입니까?

2 정답 B A：(男) 中国菜吃没吃习惯？ 중국 음식에 익숙해졌니?
B：(女) 中国菜我已经吃惯了。중국 음식 이미 익숙해졌어.
问：女的吃没吃习惯中国菜？ 여자는 중국 음식에 익숙해졌습니까?

3 정답 B A：(男) 我让你洗的衣服怎么样了？ 너한테 빨라고 한 옷 어떻게 됐니?
B：(女) 你让我洗的衣服我已经洗干净了。
나한테 빨라고 한 옷 이미 깨끗하게 빨아놨어.
问：男的让女的洗的衣服怎么样了？
남자가 여자에게 빨라고 한 옷은 어떻게 되었습니까?

4 정답 C A：(男) 现在几点了？ 지금 몇 시니?
B：(女) 十一点，不过我的手表慢五分钟。
11시. 그런데 내 시계는 5분 늦어.
问：现在几点？ 지금은 몇 시입니까?

5 정답 C A：(男) 你可回来了，火车票买到了没有？
너 돌아왔구나. 기차표는 샀니?
B：(女) 人太多，没买到。사람이 너무 많아서 못 샀어.

问: 女的火车票买到了没有? 여자는 기차표를 샀습니까?

HSK 口语

49 page

> 오늘은 일요일입니다. 우리 몇몇은 모두 할 일이 있습니다. 李娜는 칭화 대학에 친구를 만나러 가고, 나는 小英과 함께 상점으로 자전거를 사러 갑니다. 자전거를 사면 자전거를 타고 놀러 갈 수 있게 됩니다. 공부벌레 东东은 벌써 중국어 공부하러 도서관에 갔습니다. 우리는 오후 4시에 학교 앞에서 만나기로 했습니다. 저녁에 우리는 중국식 샤브샤브를 먹으러 갈 예정입니다.

1 A : 今天星期几? 오늘은 무슨 요일입니까?

　　B : 今天星期天。 오늘은 일요일입니다.

2 A : 李娜去清华大学干什么? 李娜는 칭화 대학에 무엇을 하러 갑니까?

　　B : 李娜去清华大学看一个朋友。 李娜는 칭화 대학에 친구를 만나러 갑니다.

3 A : 说话人今天买什么? 화자는 오늘 무엇을 삽니까?

　　B : 说话人今天买自行车。 화자는 오늘 자전거를 삽니다.

4 A : 今天晚上他们打算吃什么? 오늘 저녁 그들은 무엇을 먹을 계획입니까?

　　B : 今天晚上他们打算吃火锅。 오늘 저녁 그들은 중국식 샤브샤브를 먹을 계획입니다.

HSK 语法

50 page

1 정답 C : 你就睁大眼睛吧。 너 눈 좀 크게 떠봐.

2 정답 A : 我还没复习完功课呢。 나는 아직 배운 것을 다 복습하지 못했습니다.

3 정답 C : 中国菜我已经吃惯了。 중국 음식은 이미 익숙해졌습니다.

4 정답 D : 我可以骑着自行车去玩儿了。 나는 자전거를 타고 놀러 갈 수 있게 되었습니다.

5 不好意思, 我来晚了吧? 죄송해요. 제가 늦었죠?

6 那个问题她回答对了。 이 문제를 그녀는 맞게 대답했다.

7 这个句子他翻译对了。 이 문장을 그는 맞게 번역하였습니다.

8 我不看完这本书, 不睡觉。 난 이 책을 다 읽지 않으면, 안 잘 거야.

1　今天的作业我已经做好了。

2　我不做完作业就不吃晚饭。

3　我让你洗的衣服怎么样了？

4　你看完这本书了吗？

5　怎么能学好汉语呢？

6　中国菜我已经吃惯了。

7　只要多看多说，就一定能学好。

8　我听见了他的声音。

PART 05

你快回来吧!

빨리 돌아오세요!

학습목표
동작이 진행되는 방향을 알려주는 방향보어(趋向补语)에 대해 알아봅니다.

기본회화　　56 page

A : 我很想你，亲爱的，你什么时候回来呢？
너무 보고 싶어요. 자기야, 언제 돌아와요?
▷ '很' 은 '대단히, 아무, 몹시' 라는 의미로 쓰입니다.
▷ '回来' 는 '동사回 + 방향보어来' 가 결합된 형태입니다.

B : 快了，下星期我就回去。금방, 다음 주면 가.

A : 哎，起来吧! 起来! 애, 일어나라, 일어나!
▷ '起来' 는 '잠에서 깨라' 고 할 때는 '起床' 과 바꿔 쓸 수 있습니다.

B : 怎么了? 哪里着火了? 왜 그래? 어디 불이라도 났어?
▷ '着' 는 'zhe' , 'zháo' , 'zhuó' 등 발음과 용법이 다양합니다.
zhe : ~하고 있는 중이다 (동작의 지속을 나타냄) zháo : 접촉하다, (불이)붙다, 느끼다
zhuó: 옷을 입다, 접촉하다, 파견하다

A : 你没看见有人跑进来吗? 누군가 뛰어 들어오는 거 못 봤어요?
▷ '跑进来' 는 '동사 跑' + '복합방향보어 进来' 의 형식입니다.

B : 对不起，没看见。죄송합니다. 못 봤습니다.
▷ '见' 은 결과보어입니다.

A : 快到周末了，你想做什么呢? 주말이 다가오는데, 주말에 뭐 하려고 해요?

B : 我想爬上泰山去看看日出。태산에 올라가서 일출을 보려고요.
▷ 장소명사 '泰山' 은 반드시 '来' 나 '去' 앞에 놓아야 합니다.

57 page

李珉　李娜, 你快过来一下!　李娜, 너 빨리 좀 와봐.
▷ 一下　좀 ~하다

李娜　哥, 你怎么了? 谁家着火了吗?　오빠, 왜 그래? 누구네 집에 불이라도 났어?
▷ 着火　불나다

李珉　哎, 别开玩笑, 我桌子上的资料你看见没有?
에이, 농담 말고, 내 책상 위에 있던 자료 못 봤어?

李娜　没有。昨天我没进过你的屋啊。　아니. 어제 나 오빠 방에 안 들어갔었어.

李珉　真的吗? 那, 那些资料都哪儿去了?
정말이야? 그럼 그 자료들 다 어디 갔어?

李娜　哥, 你下去看看, 是不是沙发上的那些?
오빠, 아래층에 내려가 봐. 소파 위에 있는 게 그거 아니야?
▷ '看看'은 '看一看', '看一下'로 바꿔 쓸 수 있습니다.

李珉　啊? 那儿有我的资料?　뭐? 거기 내 자료가 있다고?

李娜　不知是谁的, 反正那儿放着一些资料呢。
누구 건진 모르겠지만, 어쨌든 거기 자료들이 놓여 있던걸.
▷ 放着에서 '着'는 동태조사로 동작이 어떤 상태에 처해 있음을 나타냅니다.

李珉　谢谢, 我的好妹妹!　고맙다. 우리 착한 동생아.

李娜　不客气!　뭐, 그걸 가지고.

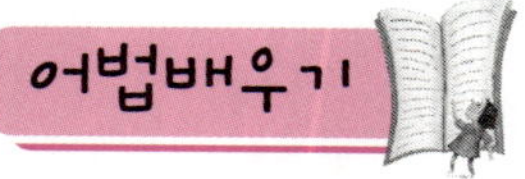

어법배우기

58 page

1　방향보어(趋向补语) (1)

[단순 방향보어 1]

① 단순 방향보어 '来'와 '去'

· 你看! 小李回来了。　저기 봐요! 이 군이 돌아왔어요.

· 我们谈话的时候, 他进屋来了。　우리가 얘기하고 있을 때, 그가 방으로 들어왔습니다.

· 我给你带来一封信。　제가 편지 한 통을 가져왔습니다.

· 东东不在家, 出去了。　东东은 집에 없어. 나갔단다.

· 刚才我给妈妈寄去生日礼物了。　방금 나는 어머니께 생신 선물을 부쳤습니다.
▷ 寄　부치다
▷ 중국어에는 생신이라는 말을 따로 쓰지 않습니다. 어른, 아이 모두에게 '生日'이라고 합니다.

② 장소 목적어의 위치
- 外边风很大，你快进屋来吧。 밖에 바람이 심하게 부네요. 어서 방으로 들어오세요.
- 他回公司去了。 그 사람은 회사로 돌아갔습니다.

③ 일반 '사람/사물' 목적어의 위치
- 我朋友买苹果来了。 내 친구는 사과를 사 가지고 왔습니다.
- 我男朋友给我寄来一条裙子。 제 남자 친구가 저에게 치마 하나를 부쳐 왔습니다.
- 照相机他带去了吗? 카메라를 그 사람이 가져갔나요?

④ 동작이 아직 실현되지 않았음을 표현할 때
- 他要买葡萄来。 그 사람은 포도를 사 가지고 온대요.
- 我想带数码相机去。 난 디지털카메라를 가져가려고 해요.
  ▷ 数码相机 디지털카메라

⑤ 목적어가 추상명사인 경우
- 这个小孩给我们带来了希望。 이 아이는 우리에게 희망을 가져다 주었습니다.
- 我给你们带来了麻烦。 내가 너희들에게 폐만 끼쳤구나.
  ▷ 麻烦 폐, 번거로움 / 번거롭게 하다, 폐를 끼치다

[단순 방향보어 2]
- 他买回一本英汉词典。 그는 영어 사전 한 권을 사가지고 돌아왔습니다.
- 周老师走出教室了。 저우 선생님은 교실을 나갔습니다.

2 부정양사 点儿／些

① 수량이 적음
- 他去商店买了点儿吃的。 그는 상점에 가서 먹을 것을 조금 샀습니다.
- 他去商店买了些吃的。 그는 상점에 가서 먹을 것을 조금 샀습니다.

② '这些／那些' 와 '这点儿／那点儿'
- 这些礼物是送给谁的? 이 선물들은 누구한테 주는 거예요?
- 这点儿饭够谁吃的呀? 再做点儿吧。 밥 요만큼 갖고 누구 코에 붙이니? 더 좀 해봐.
  ▷ '够谁吃的呀?'를 직역하면 '누가 먹기에 충분해요?' 지만, 좀 더 자연스럽게 하기 위해 의역을 했습니다.

③ '这么些／那么些' 와 '这么点儿／那么点儿'
- 这么小的屋子哪儿能坐下这么些人呢?

  이렇게 작은 방에 어떻게 이 많은 사람들이 다 들어가요?

- 怎么就来了那么点儿人啊? 不是说有十几个人吗?

  어떻게 이 사람들만 왔어? 열몇 사람이라고 하지 않았어?

60 page

1 정답 B A : (男) 你要出去？ 너 나가려고?

B : (女) 没事儿，快进来吧。 괜찮어. 어서 들어와.

问: 女的出去了吗？ 여자는 외출했습니까?

2 정답 C A : (男) 照相机你带去了吗？ 카메라 네가 가져갔니?

B : (女) 没有，照相机东东带去了。 아니, 东东이 가져갔어.

问: 照相机谁带去了？ 카메라는 누가 가져갔습니까?

3 정답 B A : (男) 你爱人去北京回来了吗？ 네 남편 베이징에서 돌아왔니?

B : (女) 他还没回来，现在他在天津，从那儿还要去青岛呢。

아직 안 돌아왔어. 지금 톈진에 있어. 거기서 또 칭다오로 간대.

问: 女的爱人现在在哪儿？ 여자의 남편은 지금 어디에 있습니까?

4 정답 D A : (男) 这么多菜，你一个人能吃完吗？

이렇게 많은 음식을 너 혼자 다 먹을 수 있니?

B : (女) 我爱人马上就回来。 남편이 금방 올 거야.

问: 女的说，谁马上就回来？ 여자는 누가 금방 온다고 했습니까?

5 정답 A A : (男) 小李，下星期天你想去哪儿？

Miss리, 다음 주 일요일에 어디 갈 생각이에요?

B : (女) 下星期天我想去泰山看看日出。

다음 주 일요일에 저는 태산에 올라 일출을 볼 생각입니다.

问: 下星期天女的想去哪儿？ 다음 주 일요일에 여자는 어디에 갈 생각입니까?

61 page

小英은 무역 회사 직원입니다. 그녀는 매일 7시에 일어나 8시면 지하철을 타고 출근하고, 9시면 회사에 도착합니다. 12시에서 1시까지는 휴식 시간으로, 때로는 회사에서 점심을 먹고 때로는 손님과 식당에 가서 식사를 합니다. 식사를 마치면 신문을 보기도 하고 동료와 수다를 떨기도 합니다. 오후 6시면 퇴근하여 대개 7시면 집에 도착합니다. 집에 올 때 그녀는 자주 과일을 사 가지고 옵니다. 7시 반 정도 저녁을 먹습니다. 저녁을 먹은 후 그녀는 남편과 함께 텔레비전을 시청합니다. 그리고 5분 전 12시(11시55분)에 잠을 잡니다.

1 A : 小英在哪儿工作？ 小英은 어디에서 일합니까?

B : 小英在一家贸易公司工作。 小英은 무역회사에서 일합니다.

2 A : 她中午吃完饭后，做什么？ 그녀는 점심 식사 후, 무엇을 합니까?

   B : 她中午吃完饭后，看报纸或者跟同事聊天儿。

     그녀는 점심 식사 후, 신문을 보기도 하고, 동료와 수다를 떨기도 합니다.

3 A : 中午休息时间是从几点到几点？ 점심 시간은 몇 시부터 몇 시까지입니까?

   B : 中午休息时间是从十二点到一点。 점심 시간은 12시부터 1시까지입니다.

4 A : 吃晚饭后，她跟爱人做什么？ 저녁을 먹고, 그녀는 남편와 무엇을 합니까?

   B : 吃晚饭后，她跟爱人一起看电视。

     저녁을 먹고, 그녀는 남편과 함께 텔레비전을 시청합니다.

HSK 语法

62 page

1 정답 C : 我给家人寄回两张照片去。 나는 가족들에게 두 장의 사진을 보냈습니다.

2 정답 C : 他回公司去了。 그 사람은 회사로 돌아갔습니다.

3 정답 C : 我朋友买来一斤苹果。 내 친구는 사과 한 근을 사 왔습니다.

4 정답 D : 她妹妹走进客厅来了。 그녀의 여동생은 거실로 걸어 들어왔습니다.

5 他要买苹果来。 그는 사과를 사 오려고 합니다.

6 我爱人马上就回来。 우리 신랑이 금방 돌아올 거야.

7 他去商店买了点儿吃的。 그는 상점에 가서 먹을 것을 조금 샀습니다.

8 这些礼物是送给谁的？ 이 선물들은 누구한테 주는 겁니까?

HSK 写作

63 page

1 照相机他带去了吗？

2 我朋友买苹果来了。

3 他回公司去了。

4 他吃完饭就出去了。

5 他去商店买了些吃的。

6 这么小的屋子哪儿能坐下这么些人呢？

7 我走上去。

8 我给你们带来了麻烦。

你快说出来呀！

빨리 말하라니깐!

PART 06

학습목표
1 "올라가!"라는 표현을 "기어 올라가!"라고 할 때처럼, 동작을 좀 더 세분화해서 표현할 때 복합방향보어(复合趋向补语)를 씁니다. 이 복합 방향보어에 대해 알아봅니다.
2 일상회화에서 많이 쓰는 '파생적인 의미'를 갖고 있는 복합 방향보어에 대해 알아봅니다.

기본회화　　66 page

A ： 他的名字想起来了没有？　그 사람 이름 생각났어?
▷ '想起来' 는 알고 있던 것을 생각해 낼 때 쓰고, '想出来' 는 아이디어를 떠올릴 때 씁니다.

B ： 没有，奇怪，怎么也想不起来。　아니, 이상하다, 아무리 해도 생각이 안 나.
▷ '想不起来' 에서 '起来' 는 가능보어입니다. ＊ 5권 7과를 참고하세요.

A ： 这样做下去你一定会后悔的。　이렇게 하다간 너 반드시 후회하게 될 거야.
▷ '会…的' 는 '~하게 될 거예요' 의 의미를 나타냅니다.
▷ 后悔　후회하다

B ： 那也没办法。　그래도 할 수 없어.

A ： 你想说什么就说出来吧。　하고 싶은 말 있으면 얘기해.
▷ 평상시에 아주 많이 쓰는 회화 표현입니다.

B ： 其实，我没什么可说的。　사실, 나 별로 할 말이 없어.
▷ 위의 문장에서 '可' 는 '~할 만한 가치가 있다' 의 의미를 나타냅니다.

A ： 喂！喂！快醒一醒！　어이, 어이, 정신 차려!
▷ '醒过来' 는 기절했거나, 술에 취해 정신 못 차리는 사람에게 많이 쓰입니다.

B ： 没事儿，我还没喝醉呢。　괜찮대도. 나 안 취했다니까.
▷ '醉' 는 결과보어
▷ '酒不醉人, 人自醉(술이 사람을 취하게 하는 게 아니라, 사람이 스스로 취하는구나)' 술자리에서 많이 쓰입니다.

28

상황회화

李珉	哟！这是谁呀？我差点儿没认出来。

우와~ 이게 누구야? 하마터면 못 알아볼 뻔했어요.

▷ '哟' 는 놀라움을 나타냅니다.
▷ '差点儿' 은 '하마터면' 의 의미를 나타냅니다.

金小英	怎么了？ 왜요?

李珉	你今天打扮得真漂亮。年轻多了。

오늘 정말 예쁘게 차려입었다. 한참 젊어졌어.

▷ '打扮' 은 화장하고 차려입는 행동을 모두 포함합니다.
▷ '年轻多' 에서 '多' 는 결과보어입니다.

金小英	什么？年轻多了？ 뭐라구요? 젊어졌어?

李珉	哈哈，说着玩儿呢！你别生气。 하하. 농담이야! 화내지 마.

▷ '说着玩儿呢!' 는 '开玩笑!' 와 같은 뜻으로, 많이 쓰는 관용 표현입니다.
▷ '你别生气' 는 '别生我的气了' 라고 바꿔 쓸 수 있습니다.

金小英	你这个人，真讨厌！ 아이참. 정말 밉다.

▷ '你这个人' 에는 약간의 '원망' 과 '질타' 의 뜻이 들어 있습니다.

李珉	姐姐，你猜猜这是什么东西吧。 누님. 이게 뭔지 맞춰볼래요?

金小英	我真猜不出来呢，你快告诉我吧。 난 정말 모르겠는걸. 빨리 알려줘요.

李珉	这是…… 이거 말예요…

金小英	你快说出来呀！ 빨리 말하라니까.

▷ '说出来' 에서 '出来' 는 복합 방향보어입니다.

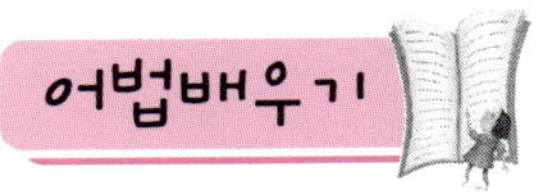

어법배우기

1 방향보어 (2)

① 복합 방향보어의 용법

· 你看！他跑下来了。저기 봐요! 그 사람이 뛰어 내려왔어요.

· 前边走过来一个人。앞에서 한 사람이 걸어오고 있어요.

· 你给我滚出去！ 너 내 앞에서 꺼져 버려!

▷ 이 문장은 원래 '너 나를 위해 꺼져라!' 라고 해야 하지만, 매끄러운 해석을 위해 '给我' 부분을 '내 앞에서' 라고 번역했습니다.

② '장소' 목적어'의 위치

· 他跑进宿舍去了。그 사람은 기숙사로 달려 들어갔어요.

· 他妹妹走进客厅来了。그의 여동생은 거실로 걸어 들어왔습니다.

③ '사람/사물' 목적어의 위치

· 他从书包里拿出来了一盘光盘。그 사람은 책가방에서 CD 한 장을 꺼냈습니다.
▷ '盘' 은 CD의 양사입니다.

· 她带了一瓶啤酒进去。그녀는 맥주 한 병을 가지고 들어갔습니다.

④ 복합 방향보어와 이합사를 같이 쓸 때

· 他回过头来向我笑了笑就走了。그는 고개를 돌려 나를 향해 살짝 웃고는 가 버렸습니다.
▷ '回头' 는 이합사이고, '过来' 는 복합 방향보어입니다.

· 她跳起舞来什么都忘了。그녀는 춤을 추면 모든 걸 잊게 됩니다.
▷ '跳舞' 는 이합사이고, '起来' 는 복합 방향보어입니다.

⑤ 단음절 동사가 복합 방향보어와 결합

· 他说完话就站了起来。그는 말을 마치고는 벌떡 일어났습니다.

2 복합방향보어의 파생 용법

① 下来

· 天黑下来了。날이 어두워졌습니다.

· 你的电话号码我们都记下来了。네 전화번호를 우린 다 적어놨어.

· 这个传统在马家一代代传下来。이 전통은 마씨 집안에 대대로 전해 내려오고 있습니다.

② 下去

· 我们继续谈下去吧。우리 계속 얘기합시다.

③ 出来

· 你快说出来吧。너 빨리 좀 말해봐.

· 他的意见都说出来了。그는 자기 의견을 다 얘기했습니다.

④ 起来

· 听了他的话，大家都笑起来了。그 사람 말을 듣고는 모두들 웃기 시작했습니다.

· 我们应该团结起来。우리는 단결해야 합니다.

· 说起来容易，做起来难。말하긴 쉽지만, 행동하기는 어렵다.

⑤ 过来

· 喂！快醒过来呀！어이! 정신 차려요.

30

⑥ 过去

· 听到他的消息，我妹妹就昏过去了。 그의 소식을 듣고, 내 여동생은 기절했어.

70page

1 정답 C　A：(男) 你认出她来了吧？ 너 저 분 알아봤니?

　　B：(女) 我认出来了，她是周老师。 알아봤어. 그녀는 주 선생님이셔.

问: 女的认出来的人是谁？ 여자는 누구를 알아봤습니까?

2 정답 A　A：(男) 晚饭做好了。 저녁 다 됐어.

　　B：(女) 你们先吃吧。我现在吃不下去。

너희 먼저 먹어. 나는 지금 못 먹겠어.

问: 女的意思是什么？ 여자가 말한 의미는 무엇입니까?

3 정답 B　A：(男) 他的名字想起来了没有？ 그 사람 이름 생각났어?

　　B：(女) 没有，奇怪，怎么也想不起来。

아니. 이상하다. 아무래도 생각이 안나.

问: 女的想起来了他的名字没有？ 여자는 그 사람 이름을 생각해냈습니까?

4 정답 C　A：(男) 这么好看的衣服才八十块钱，你真会买东西。

이렇게 멋진 옷이 80위안이라니. 너 진짜 잘 산 거야.

　　B：(女) 哪儿啊！我洗了一次，就穿不了了。

천만에. 한 번 빨았더니. 못 입게 됐어.

问: 这件衣服怎么样？ 이 옷은 어떻습니까?

5 정답 C　A：(男) 李珉带了什么东西进去？ 이민은 무엇을 가지고 들어갔습니까?

　　B：(女) 李珉带了一瓶啤酒进去。 이민은 맥주 한 병을 가지고 들어갔습니다.

问: 谁带了一瓶啤酒进去？ 누가 맥주 한 병을 가지고 들어갔습니까?

71 page

李珉은 상하이에서 베이징으로 돌아왔습니다. 막 기차에서 내리자마자 눈이 내리기 시작했습니다. 집에 거의 다다랐을 무렵, 눈이 더 많이 내렸습니다. 이때 그는 앞쪽에 할머니 한 분이 큰 보따리를 하나 들고 아주 힘겹게 걸어가는 것을 보았습니다. 그는 바로 다가가서 할머니의 짐을 들어주었습니다. 그들은 걸으며 이야기하다 보니 어느새 할머니의 집에 도착했습니다. 할머니는 그에게 잠시 들어왔다 가라고 했습니다. 그러나 그는 들어가지 않고 집으로 돌아왔습니다.

1 A：李珉的家在哪儿？ 李珉의 집은 어디입니까?
　 B：李珉的家在北京。 李珉의 집은 베이징입니다.

2 A：李珉看见谁了？ 李珉은 누구를 보았습니까?
　 B：李珉看见前边的一位老大娘。 李珉은 앞쪽의 할머니 한 분을 보았습니다.

3 A：李珉帮老大娘的什么？ 李珉은 할머니께 무엇을 도와드렸습니까?
　 B：李珉帮她拿一大包东西。 李珉은 할머니의 큰 보따리를 들어드렸습니다.

4 A：李珉进去了老大娘的家没有？ 李珉은 할머니의 집에 들어갔습니까?
　 B：李珉没进去她家就回家了。 李珉은 할머니의 집에 들어가지 않고 집으로 돌아왔습니다.

HSK 语法　　72 page

1 정답 C：他跑进宿舍去了。 그 사람은 기숙사로 달려 들어갔습니다.
2 정답 D：我们继续谈下去吧！ 우리 계속 얘기합시다!
3 정답 D：你看！他跑下来了。 저기 봐요! 그 사람이 뛰어 내려왔어요.
4 정답 C：你想说什么就说出来吧。 네가 말하고 싶은 거 있음 다 말해봐.
5 听到他的消息，他的爱人就昏过去了。 그의 소식을 듣고, 그의 아내는 기절했습니다.
6 天黑下来了。 날이 어두워졌습니다.
7 他从书包里拿出来了一盘光盘。 그 사람은 책가방에서 CD 한 장을 꺼냈습니다.
8 她跳起舞来什么都忘了。 그녀는 춤을 추면 모든 걸 잊게 됩니다.

HSK 写作　　73 page

1 你的电话号码我们都记下来了。
2 你快说出来吧。
3 我们应该团结起来。
4 他妹妹走进客厅来了。
5 她带了一瓶啤酒进去。
6 说起来容易，做起来难。
7 天黑下来了。
8 火车慢慢停下来了。

PART 07

听得懂吗?

알아들을 수 있어요?

학습목표
1 동작이 어떠한 결과나 상황에 도달할 수 있는 가능성이 있는지 없는지를 보충 설명하는 가능보어 [可能补语]에 대해 알아봅니다.
2 회화에서 많이 쓰는 가능보어 '动'·'下'·'了'에 대해 알아봅니다.

기본회화　78 page

A : 老师讲的你都听得懂？ 선생님이 말씀하신 거 너 다 이해할 수 있어?
▷ '讲的'는 '讲的话'의 의미를 나타냅니다.
▷ '懂'은 가능보어입니다.

B : 百分之七十左右我能听懂。 난 70% 정도 이해할 수 있어.
▷ 중국어에서는 '몇 %'라고 할 때 반드시 '百分之~'라고 씁니다.

A : 哎呀，累了，走不动了。 아이구, 피곤해라. 못 걷겠다.

B : 累什么呀，快走吧。 피곤하긴 뭐가 피곤하다고, 빨리 가자.
▷ '累什么呀'에는 '엄살 부리지 마'의 뉘앙스가 들어 있습니다.

A : 孩子，中秋节你回得来回不来？ 애야, 추석 때 돌아올 수 있니?
▷ 가능보어의 반복 의문문에는 절대로 '了没有'를 쓸 수 없습니다.

B : 妈，我可能回不来。 엄마, 저 어쩌면 못 가요.
▷ 조동사 '可能'은 '아마도 ~일 것 같다'의 의미를 나타냅니다.

A : 作业太多了，今天晚上怎么也做不了。
숙제가 너무 많아서 오늘 밤엔 죽어도 다 못 할 거야.
▷ '怎么也'는 '어떻게 하더라도'의 의미를 나타내지만, 우리말의 어감을 살려 '죽어도'라고 번역되었습니다.

B : 那你开夜车就好了。 그럼 너 밤샘하면 되겠네.
▷ '开夜车'는 '(일이나 공부를 하느라) 밤샘하다'의 의미를 나타냅니다.

东东　你在看中文节目呀？听得懂吗？

너 중국 방송 보고 있었어? 알아들을 수 있니?

▷ '在'는 진행형 부사로 쓰이고 있습니다. '在'가 동사로 쓰일 때는 장소 목적어를 동반합니다.

李娜　听不懂，可是看得懂。 못 알아들어. 하지만 알아보긴 하지.

东东　听不懂，为什么看呢？ 알아듣지도 못하면서 왜 보냐?

李娜　我想练习听力，所以我在家的时候，经常一边看一边听。

리스닝 연습하려고. 그래서 집에 있을 땐, 자주 보면서 듣지.

▷ '所以'는 원인에 대한 결과를 표현할 때 쓰입니다. 주어 '我' 앞에 '因为 ~때문에'란 말이 있
다고 생각하시면 됩니다.

▷ '一边…一边…'은 동시에 두 가지 이상의 동작을 하는 것을 의미합니다.

东东　这么练习有进步吗？ 이렇게 연습하면 실력이 좀 늘어?

▷ '进步'는 '效果 효과'란 단어와 바꿔 쓸 수 있습니다.

李娜　嗯，我现在已经听懂一点儿了。 응, 나 지금 이미 조금 알아듣는다니까.

东东　是吗？那明天开始我也试一试。

그래? 그럼 내일부터 나도 한 번 그렇게 해봐야지.

▷ '试一试'는 '시도해 봐야겠다'의 의미를 나타냅니다. 좀 더 자연스런 표현을 위해 '그렇게 해
봐야지' 라고 번역했습니다.

1 가능보어(可能补语)

[긍정형]

· 我听得懂老师讲的话。 나는 선생님께서 말씀하신 내용을 이해할 수 있어요.

· 你什么都做得出来。 너는 뭐든 해낼 수 있잖아.

· 这本书我一天看得完。 이 책을 나는 하루면 다 볼 수 있다.

· 这么多东西，我一个人拿不了。

이렇게 많은 물건은 나 혼자서는 들고 갈 수 없습니다. (가져갈 수 없습니다.)

· 我可以吃得完。 나 혼자 다 먹을 수 있어요.

· 下午五点以前他们能回得来。 오후 5시 전에 그 사람들은 돌아올 수 있습니다.

[부정형]

- 请你大一点儿声，我听不清楚。목소리를 좀 크게 해주세요. 잘 들리지 않아요.
- 我太累了，走不动了。너무 피곤해서, 못 걷겠어요.
- 我恐怕去不了了。난 아마 가기 힘들 거야.
  ▷ '恐怕'는 약간 부정적인 의미로 '그렇게 하긴 힘들걸' 하는 의미를 나타냅니다.

[의문형]

- A ：今天晚上你回得来回不来？오늘 밤에 돌아올 수 있어요 없어요?
- B-1 ：我回得来。돌아올 수 있어요.
- B-2 ：我回不来。돌아올 수 없어요. / 못 돌아와요.
- A ：这个剧场能坐得下一千人吗？이 극장에 천 명이 들어갈 수(수용할 수) 있나요?
  ▷ '剧场'은 '영화관(电影院)'이 아니라, 예술의 전당이나 세종문화회관 같은 곳을 말합니다.
- B-1 ：能坐得下。들어갈 수 있어요.
- B-2 ：坐不下。못 들어가요.
  ▷ '坐得下'는 '앉을 수 있다', '坐不下'는 '앉을 수 없다' 이지만 자연스런 대화문을 만들기 위해
  '坐得下'는 '들어갈 수 있다', '坐不下'는 '들어갈 수 없다' 로 번역합니다.

[많이 쓰이는 가능보어]

① 动

- 我走不动了。난 걸을 수가 없어요.
- 我们俩搬得动这张桌子。우리 둘이서 이 책상을 옮길 수 있습니다.

② 下

- 那个教室坐不下一百个人。그 교실엔 100명이 못 들어가요.(수용할 수 없습니다.)
- 我们俩吃不下这么多菜。우리 둘이서는 이렇게 많은 음식을 다 먹을 수 없습니다.

③ 了

- 明天下午我来得了。내일 오후에 올 수 있어요.
- 这件事儿没什么大不了。이 일은 그렇게 대단하지 않습니다.
- 修这辆车，用不了一个小时。자전거 고치는 데 한 시간도 안 걸려요.

HSK 听力

82 page

1 정답 C A：(女) 这些菜你都得吃完。이 음식 네가 다 먹어야 해.

B：(男) 开玩笑，我一个人怎么也吃不完哪！
농담 마. 나 혼자 이걸 다 어떻게 먹어!

问：男的意思是什么？남자가 말한 의미는 무엇입니까?

2 정답C A：(男) 今天晚上你回得来回不来？ 오늘 밤에 너 돌아올 수 있어?

B：(女) 今天晚上我回不来。 오늘 밤에 나 돌아올 수 없어.

问: 女的意思是什么？ 여자가 말한 의미는 무엇입니까?

3 정답B A：(男) 如果买不到火车票，我就坐飞机回来。

만약 기차표를 못 사면, 비행기 타고 돌아올게.

B：(女) 好。火车就要开了，快上去吧。 그래. 기차 출발하겠다. 빨리 타.

问: 他们现在在什么地方？ 그들은 지금 어디에 있습니까?

4 정답D A：(女) 这么多东西，你一个人能拿得了吗？

이렇게 많은 물건을 너 혼자 들 수 있니?

B：(男) 这么多东西，我一个人拿不了。

이렇게 많은 물건을 나 혼자서는 들 수 없어.

问: 男的意思是什么？ 남자가 말한 의미는 무엇입니까?

5 정답D A：(男) 下午的会议在办公室开吧！ 오후 회의는 사무실에서 합시다!

B：(女) 不行，那么多人，坐不下。 안돼요. 이렇게 많은 인원이 다 못 돌아가요.

问: 女的意思是什么？ 여자가 말한 의미는 무엇입니까?

HSK 口语

83 page

오늘은 东东과 퇴근 후에 맥주를 마시러 가기로 했습니다. 그런데 5시가 되어갈 무렵, 이 과장님이 내게 공항으로 손님을 마중 가라고 하셨습니다. 하는 수 없이 가게 되었고, 가는 길에 东东에게 전화를 걸어 늦지 않을 거니간 먼저 바에 가서 기다려 달라고 했습니다. 하지만 생각지도 않게 비행기가 한 시간이나 늦게 도착했습니다. 내가 손님을 모시고 호텔에 갔을 때, 东东에게서 이미 집으로 돌아갔다는 전화가 왔습니다.

1 A：说话人打算今天下班后干什么？ 화자는 오늘 퇴근 후에 무엇을 할 계획이었습니까?

B：说话人打算今天下班后去喝啤酒。

화자는 오늘 퇴근 후에 맥주 마시러 갈 계획이었습니다.

2 A：说话人让东东在哪儿等他？ 화자는 东东에게 어디에서 그를 기다리게 했습니까?

B：说话人让东东先去酒吧等他。 화자는 东东에게 먼저 바가서 그를 기다리라고 했습니다.

3 A：飞机晚点多长时间了？ 비행기는 얼마나 늦었습니까?

B：飞机晚点了一个小时。 비행기는 1시간이나 늦었습니다.

4 A：说话人送客人去饭店的时候，东东在哪儿？

화자가 손님을 호텔로 모셔다 드렸을 때, 东东은 어디 있었습니까?

36

B : 说话人送客人去饭店的时候，东东在家。

화자가 손님을 호텔로 모셔다 드렸을 때, 东东은 집에 있었습니다.

84 page

1 정답 C : 这些菜东东一个人能吃得完。이 음식들을 东东 혼자서 다 먹을 수 있습니다.

2 정답 D : 做作业太多了，今天晚上怎么也做不了。

숙제가 너무 많아서 오늘 밤엔 죽어도 다 못 할 거야.

3 정답 D : 这本书我一天看得完。나는 이 책을 하루면 다 볼 수 있습니다.

4 정답 B : 我恐怕去不了了。나는 아마 가기 힘들 거야.

5 这个办公室坐不下五百人。이 사무실에는 500명이 들어갈 수 없습니다.

6 这么多的菜你一个人吃不了。이렇게 많은 음식을 너 혼자서 먹을 수 없어.

7 这些生词我们都记得住。이 단어들을 우리는 모두 외울 수 있습니다.

8 老师讲的话你都听得懂吗？선생님이 설명하시는 거 너 다 이해하니?

85 page

1 老师讲的你都听得懂吗？

2 这么多东西，我一个人拿不了。

3 我太累了，走不动了。

4 明天上午我来得了。

5 我可以吃得完。

6 这本书我一天看得完。

7 那个教室坐不下一百个人。

8 今天晚上你回得来吗？/ 我回不来。

PART 08

现在去来得及吧?

지금 가도 안 늦겠죠?

학습목표

일상회화에서 관용어처럼 쓰이는 가능보어에 대해 알아봅니다.

기본회화　88 page

A : 火车三点开，现在去来得及吗？　기차가 3시에 출발하는데, 지금 가도 될까?

B : 都两点了，现在去也来不及了。　벌써 2시인데, 지금 가도 늦었어.

▷ '都两点了' 는 '자기도 모르는 사이에 2시가 되어버렸다' 의 의미를 나타냅니다.

▷ '来得及', '来不及' 모두 회화에서 아주 많이 쓰입니다.

A : 这个太贵了，我买不起。　이거 너무 비싸서, 난 못 사겠다.

▷ '买不起' 는 돈이 없어서 못 사는 것이고, '买不到' 는 물건이 없어서 못 사는 것을 의미합니다.

B : 你买不起，那我给你买吧。　네가 못 사면, 그럼 내가 사줄게.

A : 今天怎么这么热，我真受不了。　오늘 왜 이렇게 더운 거야. 정말 못 견디겠네.

▷ '怎么这么' 는 '어쩜 이렇게' 의 의미를 나타냅니다.

B : 你是不是怕热？　너 더위 타는 거 아냐?

▷ 怕冷　추위 타다.

▷ 중국어에는 '봄을 타다' '가을을 타다' 란 말은 없습니다.

A : 这件事用不着请别人帮忙。　이 일은 다른 사람에게 도움을 청할 필요는 없어.

▷ '请别人帮忙' 은 겸어문입니다. '다른 사람에게 부탁해서 도와달라고 하겠다' 는 의미를 나타냅니다.

B : 你自己能解决呀？　너 혼자 해결할 수 있어?

李珉	你快点儿好不好？	빨리 좀 할 수 없어요?
金小英	你急什么呀？	뭘 그렇게 서둘러요?

▷ '急什么呀？'는 '왜 이렇게 호들갑 떠니?'의 의미를 나타냅니다.

李珉	已经六点了，再晚，我们就赶不上车了。	벌써 6시야, 더 늦으면 기차 못 타요.

▷ '赶不上'는 '차를 탈 수 없다', '차를 놓치다'의 의미를 나타냅니다.

金小英	你不是说七点半的火车吗？	7시 반 기차라고 안 했어요?
李珉	哪儿啊，七点的火车！	무슨 소리예요. 7시 기차예요.

▷ '哪儿啊'는 '무슨 소리예요!' 하고 펄쩍 뛰는 어감을 나타냅니다.

金小英	是吗？不好意思，我记错了，我马上就好了。	그래요? 미안해요. 제가 잘못 알았어요. 금방 다 돼요.
李珉	现在去来得及吧？	지금 가도 안 늦겠죠?
金小英	差不多吧。火车票呢？	그럴 거예요. 기차표는요?

▷ '差不多吧'는 '그럴 것이다'의 의미를 나타냅니다.

李珉	在我这儿。	여기요.

▷ '나한테 있어'라고 할 때는 반드시 '在我这儿'이라고 말하며, '在我'라고 하지 않습니다.

金小英	那行，快走吧！	그럼 됐어요. 빨리 가요.

어법배우기　　90 page

1. 가능보어(可能补语)(2)

① 及

· 现在去还来得及。지금 가면 충분합니다.

· 时间晚了，来不及通知他了。시간이 늦어서 그 사람한텐 못 알려주겠다.

② 起

· 他谁也看不起。그 사람은 누구라도 무시해.

· 这辆车太贵了，我买不起。이 차는 너무 비싸서, 전 살 수가 없어요.

③ 了

· 小孩子一块儿玩儿，吵架是免不了的。

아이들이 어울려 놀다 보면 싸우는 거야 늘 있는 일이지.

- 这次比赛少不了他。이번 시합엔 그 사람이 빠질 수가 없어요.
- 今天的天气，真让人受不了。오늘 날씨는 정말이지 견딜 수가 없어.

④ 上

- 他真有两下子，谁也比不上他。그 사람은 너무 대단해서, 누구도 비교가 안 됩니다.
- 他走得快，我跟不上。그 사람은 걸음이 빨라서, 난 따라갈 수가 없어요.
- 大家随便吃点儿，说不上请客。

    모두들 편하게 드세요. 한턱낸다고도 할 수 없어요.

⑤ 死

- 你吃吧，反正吃不死人。먹어요. 어쨌든 먹어도 안 죽어요.
- 喝吧喝吧，喝不死人的。마셔요 마셔, 마셔도 안 죽어요.

⑥ 着

- 外边不冷，用不着穿大衣。밖은 안 추우니 코트까지 입을 필요는 없어요.
- 留着吧，到时候用得着。남겨놔 봐, 그때 가서 필요할지 모르니까.

HSK 听力

92 page

1 정답 B A：(男) 现在去来得及吧？ 지금 가도 안 늦겠죠?

B：(女) 差不多吧。 그럴 거예요.

问: 女的意思是什么？ 여자가 말한 의미는 무엇입니까?

2 정답 B A：(女) 今天我不能喝酒。 오늘 나는 술을 마실 수 없어.

B：(男) 你呀，这东西又喝不死人，不就是个葡萄酒嘛。

    너도 참. 이거 마셔도 안 죽어. 그래 봐야 포도주인데.

问: 男的意思是什么？ 남자가 말한 의미는 무엇입니까?

3 정답 B A：(男) 春节休息一个星期，我们一起旅行吧。

    설 연휴가 일주일이야. 우리 여행 가자.

B：(女) 我恐怕去不了了。 나는 아마 갈 수 없을 거야.

问: 女的意思是什么？ 여자가 말한 의미는 무엇입니까?

4 정답 C A：(男) 今天怎么这么热，我真受不了。

    오늘 왜 이렇게 더운 거야. 정말 못 견디겠어.

B：(女) 来，多吃点西瓜吧。 와서 수박이나 좀 많이 먹어.

问: 男的意思是什么？ 남자가 말한 의미는 무엇입니까?

 정답 A A: (男) 火车七点钟开，现在已经六点半了。

기차가 7시에 출발인데, 지금 벌써 6시 반이야.

B: (女) 糟糕! 咱们现在去也来不及了。아뿔싸! 우리 지금 가도 늦겠다.

问: 女的意思是什么？ 여자가 말한 의미는 무엇입니까？

HSK 口语

93 page

다음 주에 나는 귀국해. 이번에 돌아가면 언제 또 올 수 있을지 몰라. 베이징에 있었던 시간 동안 너희들은 내게 참 잘해 줬어. 도움도 많이 주고, 너희들에게 정말로 감사해. 李娜와 东东은 항상 붙어 다녀서 정말 눈꼴시긴 했지만 부럽기도 했어. 王新은 그렇게 공부하는 것을 좋아하니 나중에 텔레비전에 나오지 않을까? 小英은 그렇게 꾸미다간 얼어 죽지 않을까 걱정이야. 하하. 내가 한 말은 웃자고 한 소리니까, 너희들 정말로 믿지는 마. 자. 건배하자!

1 A: 说话人什么时候回国？ 화자는 언제 귀국합니까？

B: 说话人下星期就要回国。화자는 다음 주에 귀국합니다.

2 A: 李娜和东东是什么关系？ 李娜와 东东은 어떤 사이입니까？

B: 李娜和东东是情人关系。李娜와 东东은 연인 사이입니다.

3 A: 像王新这样的人叫什么？ 王新과 같은 사람을 무엇이라고 합니까？

B: 像王新王新这样的人叫书呆子。王新과 같은 사람을 공부벌레라고 합니다.

4 A: "说着玩儿"是什么意思？ "说着玩儿"은 어떤 의미입니까？

B: "说着玩儿"是开玩笑的意思。"说着玩儿"은 농담한다는 의미입니다.

HSK 语法

94 page

1 정답 B: 不就是个葡萄酒嘛。포도주일 뿐이잖아.

2 정답 D: 这次比赛少不了他。이번 시합엔 그 사람이 빠질 수가 없어요.

3 정답 D: 我们现在去还来得及。우리 지금 가도 늦지 않아요.

4 정답 D: 外边不冷，用不着穿大衣。밖은 안 추우니 코트까지 입을 필요는 없어.

5 两个人谈恋爱吵架是免不了的。두 사람이 연애하는 데 있어 싸움은 불가피한 것입니다.

6 我还没来得及考虑结婚。나는 아직 결혼에 대해 생각해 볼 겨를이 없습니다.

7 如果你买不起，我给你买吧。만약 네가 사지 못하면 내가 사줄게.

8 他们俩的关系说不上很好。그들 둘의 관계는 좋다고 할 수 없습니다.

95 page

1 这个太贵了，我买不起。

2 今天怎么这么热，我真受不了。

3 这东西又喝不死人，不就是个葡萄酒嘛。

4 用不着请别人帮忙。

5 这种事儿免不了。

6 他谁也看不起。

7 今天来不及买票了。

8 现在去还来得及。

PART 09

是不是她比你大?

그녀가 너보다 나이가 많니?

학습목표
1 비교문(比较句)에 대해 알아봅니다.
2 수량보어(数量补语)에 대해 알아봅니다.

기본회화

A : 你爱人比你大几岁? 자네 집사람이 자네보다 몇 살 많나?
▷ '나이가 많다 / 적다' 라고 할 때, '多 / 少' 가 아니라 '大 / 小' 를 씁니다.
▷ '爱人' 은 남녀 모두에게 쓸 수 있습니다. 남의 부인을 높여 부를 때는 '太太' 라고 합니다.

B : 我爱人比我大三岁。 우리 집사람은 저보다 세 살 위입니다.

A : 你妈妈的病怎么样了? 어머님 병환은 어떠신가?

B : 她的病比上星期好多了。 어머님 병환은 지난주보다 많이 좋아졌습니다.
▷ 好点儿了 약간 좋아졌다 | 好转了 호전되었다

A : 冬天了, 天气一天比一天冷了。 겨울이야, 날씨가 점점 추워지고 있어.
▷ '一天比一天' 은 '하루가 다르게' 의 의미를 나타냅니다.
▷ 热 덥다 | 暖和 따뜻하다

B : 你得多穿点儿衣服。 옷을 따뜻하게 입고 다녀.
▷ '多穿点儿' 는 '껴입다' 의 의미를 나타냅니다
▷ 脱 벗다 | 披 걸치다

A : 谁跑得快? 누가 빨리 달리니?

B : 他跑得比我更快。 그가 저보다 빨리 달립니다.
▷ 비교문에는 '很' 을 쓸 수 없습니다.

李珉　　妈，我想给你介绍一个人。엄마, 엄마께 소개하고 싶은 사람 있어요.

妈妈　　谁呀？女朋友啊？누구? 여자 친구?
▷ '女的朋友'라고 하면 단순한 여자 친구를 말합니다.
▷ 결혼할 사이는 '对象'이라고 합니다.

李珉　　嗯，妈……네, 엄마…

妈妈　　怎么了？干吗，吞吞吐吐的……是不是她比你大？
왜 그래? 왜 머뭇거려… 그 애가 너보다 나이가 많니?
▷ 吞吞吐吐 떠듬거리다, 우물쭈물하다

李珉　　……她比我大四岁呢。그 친구가 저보다 네 살 많아요.
▷ '四岁'는 수량보어입니다.
▷ 중국어에는 띠동갑이란 말이 없기 때문에 '我比她大十二岁 / 大一轮(한 바퀴)'이란 표현을 씁니다.

妈妈　　大就大吧。现在都什么时候了，还管它大不大呢？
많으면 많은 거지. 지금이 어떤 시대인데, 많고 작고가 무슨 상관이니?
▷ '就'는 두 개의 같은 단어 사이에 쓰여, '용인'이나 '용납'의 어기를 나타냅니다.
▷ '还管它大呢?'는 '나이가 많은 걸 뭐 하러 신경 써요?'의 의미를 나타냅니다.

李珉　　妈，你真的没事儿啊？엄마, 정말 괜찮으세요?

妈妈　　没事儿，只要你们俩喜欢，妈就无所谓了。
괜찮고말고. 너희 둘이 좋으면 되는 거지, 엄마는 신경 안 쓴다.

李珉　　妈，你太好了。엄마, 정말 멋지세요.

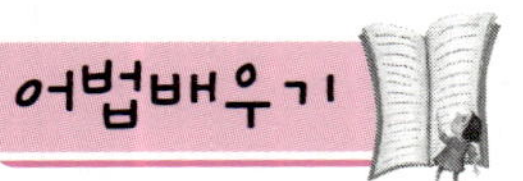

어법배우기

14 page

1　비교문(比较句)(1)

[기본 문형]

① '比'를 쓰는 비교문
- 我比你高。난 너보다 커.
- 我爱人比我大三岁。우리 집사람은 나보다 세 살이 많습니다.
- 风比刚才小多了。바람이 방금 전에 비해 잠잠해졌습니다.
  ▷ '刚才'는 시간명사 / '刚'은 부사

- 他比我多五块钱。 그 사람이 나보다 5원을 더 가지고 있습니다.

- 东东汉语比李娜学得好。 东东은 李娜보다 중국어를 더 잘합니다.
- 我比你更爱她。 내가 당신보다 그녀를 더 사랑해요.
- 这个更贵，不买了。 이것은 더 비싸서, 안 살래요.
- 这件毛衣比那件还好看。 이 스웨터가 저 것보다 더 예뻐요.

- 他比我会唱歌。 그 사람은 나보다 노래를 잘 해요.
- 我弟弟比你能说。 내 남동생은 나보다 말을 잘합니다.

- 咱们比他们走得快。 우리가 저 사람들보다 걸음이 빨라요.
- 周老师比我来得早。 주 선생님이 저보다 일찍 오셨어요.

② ‘不比’를 쓰는 비교문
- 他不比我高。 그 사람은 나와 키가 비슷합니다.
  = 我比他高。(×) 나는 그보다 크다.
  = 他跟我差不多高。(○) 그 사람은 나와 키가 비슷합니다.

2 수량보어(数量补语)

① A ＋ 比 ＋ B ＋ 술어 ＋ 구체적인 수량보어
- 我比他大一岁。 나는 그 사람보다 한 살 많아요.
- 我比弟弟少买了一本。 나는 동생보다 한 권 덜 샀어요.
- 黄瓜比西红柿便宜一毛。 오이는 토마토보다 一毛 쌉니다.

- 他比我早来一天。 그 사람이 나보다 하루 일찍 왔습니다.

② A ＋ 比 ＋ B ＋ 술어 ＋ 一点儿 / 一些

- 这个钱包比那个贵一点儿。 이 지갑은 저것보다 조금 비쌉니다.
- 他妹妹比他强多了。 그의 여동생은 그보다 훨씬 낫습니다.
- 他比我起得早一些。 그는 나보다 조금 더 일찍 일어났습니다.

3 一天比一天 / 一年比一年
- 他学习一天比一天有进步。 그 사람은 하루가 다르게 실력이 향상되고 있습니다.
- 要学的语法一天比一天多。 배워야 할 어법이 점점 더 많아지고 있습니다.

· 我们的生活真是一年比一年好了。
우리 형편은 정말이지 일 년이 다르게 나아지고 있습니다.

1 정답 C A : (男) 近来北京的天气怎么样？ 요즘 베이징의 날씨는 어떻습니까?

B : (女) 近来北京的天气是一天比一天冷。
요즘 베이징의 날씨는 하루가 다르게 추워지고 있습니다.

问: 近来北京的天气怎么样？ 요즘 베이징의 날씨는 어떻습니까?

2 정답 C A : (男) 大人票八块, 小孩儿半价。 어른 표는 8원이고, 어린이는 반값입니다.

B : (女) 请给我两张大人票, 一张小孩儿票。
어른 표 두 장하고, 어린이 표 한 장요.

问: 女的花了多少钱？ 여자는 얼마나 냈습니까?

3 정답 B A : (男) 你哥哥多大了？ 네 오빠는 몇 살이니?

B : (女) 他只比我大三岁, 上个星期他刚过完23岁生日。
나하고 세 살 차이밖에 안 나. 지난주에 23살 생일이 지났어.

问: 女的今年多大？ 여자는 올해 몇 살입니까?

4 정답 A A : (男) 你今天也是五点半起床的？ 너 오늘도 5시 반에 일어났니?

B : (女) 不是, 今天比昨天晚了半个钟头。
아니, 오늘은 어제보다 30분 늦게 일어났어.

问: 女的今天几点起床的？ 여자는 오늘 몇 시에 일어났습니까?

5 정답 B A : (男) 你妈妈的病好了吗？ 너희 어머니 병환은 좀 좋아지셨니?

B : (女) 我妈妈的病一天比一天好。 우리 엄마 병세는 날로 호전되고 있어.

问: 女的妈妈的病怎么样了？ 여자의 엄마 병환은 어떠십니까?

小英의 가족은 다섯 명입니다. 아빠, 엄마, 오빠 둘, 그리고 小英입니다. 小英의 아빠는 50세로 요리사입니다. 소영의 엄마는 아빠보다 한 살이 많습니다. 아빠는 베이징 호텔에서 일하시는데 집에서 걸어서 10분이면 도착할 수 있습니다. 엄마는 东直门 병원에서 일하시는데 차 타고 30분 정도 걸립니다. 큰오빠는 회사원으로 작년에 대학을 졸업했습니다. 그는 小英보다 5살이 많습니다. 작은오빠는 대학생으로 올해 21살이며 베이징 대학에서 경제(학)을 공부합니다. 그는 小英보다 3살이 많습니다. 小英은 고등학생으로 학교를 졸업하면 미국으로 유학을 갈 생각입니다.

1 A：小英的妈妈今年多大年纪？ 小英의 엄마는 올해 연세가 어떻게 되셨습니까?
 B：小英的妈妈今年五十一岁。小英의 엄마는 올해 51세입니다.

2 A：小英的爸爸怎么去工作？ 小英의 아빠는 어떻게 출근합니까?
 B：小英的爸爸走着去工作。小英의 아빠는 걸어서 출근하십니다.

3 A：小英的二哥学什么？ 小英의 작은오빠는 전공이 무엇입니까?
 B：小英的二哥学经济。小英의 작은오빠는 경제(학)을 전공합니다.

4 A：小英的大哥今年多大？ 小英의 큰오빠는 올해 몇 살입니까?
 B：小英的大哥今年23岁。小英의 큰오빠는 올해 23살입니다.

1 정답 D ： 我比她更漂亮。내가 그녀보다 훨씬 예쁘다.
2 정답 B ： 他比他弟弟高一点儿。그는 그의 남동생보다 조금 크다.
3 정답 D ： 要学的词语一天比一天多。배워야 할 단어가 점점 더 많아지고 있습니다.
4 정답 A ： 我们的生活真是一年比一年好了。
　　　　　　우리의 형편은 정말이지 일 년이 다르게 나아지고 있습니다.
5 정답 D ： 这件衣服比那件还贵。이 옷은 저 옷보다 더 비쌉니다.
6 他学习一天有一天有进步。그의 학습은 날이 갈수록 향상되고 있습니다.
7 我参加工作不比他晚。나는 그와 비슷하게 일에 참가했습니다.
8 他比我多买了一些。그는 나보다 조금 더 샀습니다.
9 他车开得比我快一点儿。그가 운전할 때 나보다 조금 빠르게 합니다.
10 他比我早来一天。그는 나보다 하루 일찍 왔습니다.

1 我比你更爱她。
2 他不比我高。
3 黄瓜比西红柿便宜一毛。
4 要学的语法一天比一天多。
5 你弟弟比妹妹大几岁？
6 我们的生活真是一年比一年好了。
7 他的汉语不比东东差。
8 这个人比那个人年轻。
9 他比我大四岁呢。
10 这个钱包比那个贵一点儿。

他们演得不如
广告做得好。

공연은 광고만큼 거창하지 않았습니다.

PART 10

학습목표

'跟'·'像'·'有'·'没有'·'不如'·'越来越' 등으로 만드는 비교문에 대해 알아봅니다.

기본회화

01

A : 这件毛衣跟那件一样吗？ 이 스웨터 저것하고 같은가요?

B : 这件毛衣跟那件不一样。 이 스웨터 저것하고 같지 않아요.

▷ '跟'은 비교 대상과 '같은지 다른지'를 비교합니다.

02

A : 你妹妹起得早吗？ 네 여동생 일찍 일어나니?

B : 她起得没有我早。 그녀는 나만큼 일찍 일어나지 않아.

▷ '没有'는 비교 대상의 '정도'나 '수준'에 이르는지를 비교할 때 씁니다.

03

A : 他英语说得怎么样？ 그 사람 영어 말하는 거 어때?

B : 他英语不如你说得好。 그 사람은 영어 말하는 거 너보다 못해.

▷ '不如'는 열등 비교입니다. 'A는 B만 못해'의 의미를 나타냅니다.

04

A : 别走了，雨越来越大了。 가지 마. 비가 갈수록 더 많이 내려.

B : 不行，今天晚上我还有急事儿。 안 돼. 오늘 밤에 급한 일이 있어.

| 同学 | 你看，今天演得怎么样？ 네가 보기엔 오늘 공연 어땠어? |

▷ '你看'은 '你说~'로 바꿔 쓸 수 있고, 모두 '네가 보기엔'이라고 해석합니다.

李娜 没有我想像的好。 생각보단 아니었어.

同学 怎么了？ 왜?

李娜 他们演得不如广告做得好。 공연은 광고만큼 거창하지 않았거든.

东东 我觉得他们演得比想像的还好！ 난 상상했던 거 보다 훨씬 좋았는데.

▷ 觉得 ~라고 느끼다

▷ 비교문에는 '更'과 '还'만 씁니다. '很'은 쓸 수 없습니다.

同学 到底谁说得对呢？ 도대체 누구 말이 맞는 건지.

李娜 想知道你也去看吧。你去看肯定会失望的。
알고 싶으면 너도 보러 가. 너 보러 가면 틀림없이 실망할 거야.

▷ '肯定'은 '틀림없이 ~할 거야'의 의미를 나타냅니다.

东东 没有，你去看肯定会满意的。 아냐, 너 보러 가면 틀림없이 만족할 거야.

同学 好了，好了，别吵了。 알았어. 알았어. 싸우지 마!

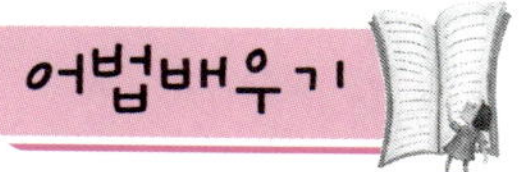

1 비교문(比较句)(2)

① 跟

- 他的手表跟你的一样。 그 사람의 손목시계는 네 것과 같다.
- 我的意见跟他的不一样。（＝不同） 제 생각은 그 사람과 달라요.
- 这件衣服的颜色跟那件(的)不一样。 이 옷 색깔은 저것과 달라요.
- 他借的书跟我借的一样好看。 그 사람이 빌린 책은 내가 빌린 것만큼 재밌어요.
- 他跑得快极了，跟飞一样。 그 녀석 얼마나 빨리 달리는지, 날아가는 것 같아.
- 今年大米的产量跟去年的一样多。 올해 쌀 생산량은 작년과 같이 풍작이네요.

② 像

- 她像她妈妈那么漂亮。 그녀는 자기 어머니처럼 예쁩니다.
- 他的发音像小王的发音那么清楚。
  그 사람의 발음은 小王의 발음처럼 정확합니다.
- 王明不像李珉那么喜欢踢足球。 王明은 李珉만큼 그렇게 축구를 좋아하지 않습니다.

· 妹妹不像弟弟那么爱玩儿。여동생은 남동생만큼 그렇게 노는 걸 좋아하지 않아요.

③ 有

· 他有我这么高。그 사람은 나만큼 커요.

· 这个班的学生有那个班的学生那么多。이 반 학생은 저 반 학생만큼 많습니다.

· 他家的游泳池有我家的这么大。그 사람 집의 수영장은 우리 집 것만큼 큽니다.

④ 没有

· 他没有我这么帅。그 사람은 나만큼 멋지지 않아요.

· 北京的冬天没有哈尔滨那么冷。베이징의 겨울은 하얼빈만큼 그렇게 춥지 않아요.

⑤ 不如

· 他翻译的句子不如你翻译的句子准确。

    그 사람이 번역한 문장은 네가 번역한 것보다 정확하지 않아.

· 那个公园不如这个公园这么安静。그 공원은 이 공원보다 조용하지 않다.

· 他不如她法语说得流利。그는 그녀만큼 불어가 유창하지 않다.

· 我写的汉字不如他写的好看。내가 쓴 한자는 그 사람이 쓴 것보다 보기 좋지 않다.

· 这么热的天还工作啊! 不如去海滨玩儿吧。

    이렇게 더운 날에도 일해요? 해변에 가서 노는 게 나을 것 같은데요.

▷ '不如…吧' 는 '~하느니만 못할 것 같은데요 = ~하는 편이 나을 텐데요' 의 의미를 나타냅니다.

⑥ 越来越

· 学习汉语的人越来越多了。중국어를 공부하는 사람들이 갈수록 늘고 있습니다.

· 车开得越来越快了。차가 갈수록 빨라지네요.

· 人们的生活水平越来越高了。사람들의 생활 수준이 갈수록 높아집니다.

⑦ 越A越B

· 风越刮越大。바람이 불면 불수록 점점 세집니다.

· 大家越是劝, 她越是哭。모두가 달랠수록, 그녀는 더 서럽게 웁니다.

HSK 听力

1 정답 B   A : (男) 有什么心事? 너 무슨 고민거리라도 있니?

    B : (女) 没有。最近我心情很好。아니. 나 요즘 기분 좋은데.

    问 : 女的心情怎么样? 여자의 기분은 어떻습니까?

2 정답 D   A : (男) 你怎么才回来? 都九点了。너 왜 이제야 오는 거야? 벌써 9시잖아.

    B : (女) 别提了, 车堵了一个多小时, 真不如走回来呢!

    말도 마. 차가 한 시간도 넘게 막혀서 차라리 걸어올 걸 그랬어.

50

问：女的为什么回来晚了？ 여자는 왜 늦었습니까?

3 정답 A A：（男）这件毛衣比那件贵一点儿，你看买哪个好？
이 스웨터는 저것보다 좀 비싼데, 네가 보기에 어느 것을 사는 게 좋으니?

B：（女）哪个便宜就买哪个吧。 싼 걸로 사.

问：女的意思是什么？ 여자가 말하는 의미는 무엇입니까?

4 정답 B A：（男）你真年轻，我都三十了。 당신 참 젊네요. 전 벌써 서른인데.

B：（女）你不是说比我大一岁？？ 당신 저보다 한 살 많다고 하지 않았나요?

问：女的多大？ 여자는 몇 살입니까?

5 정답 D A：（男）东东网球打得很好，比李珉、王明还好。
东东은 李珉이나 王明보다 테니스를 잘 쳐.

B：（女）那也不如李娜呀！ 그래도 李娜보다는 못하지.

问：谁网球打得最好？ 누가 가장 테니스를 잘 칩니까?

HSK 口语

오늘은 일요일이지만, 나는 일찍 일어나서 사우나를 하러 갔다가, 돌아와서 멋을 내고는 그녀를 만나러 갔습니다. 우리는 먼저 영화를 보고 뷔페를 먹은 다음, 공원에 가서 산책을 했습니다. 가을이라 바람도 좋았습니다. 우리는 걷다걷다 피곤해져서 잠시 쉬기로 했습니다. 우리는 큰 나무 아래 벤치에 앉았습니다. 나는 그녀의 어깨를 슬며시 안으며 그녀의 눈을 바라보았습니다. 그녀도 수줍은 듯 나를 바라보았습니다. 우리 둘의 거리는 점점 더 가까워졌고 내가 그녀에게 키스하려 했을 때, 한 여인이 큰 소리로 고함을 쳤습니다. "애야, 빨리 일어나서 출근해야지!"

1 A：说话人为什么起得早？ 화자는 왜 일찍 일어났습니까?
B：为了出去见女朋友起得早。 여자 친구를 만나러 가기 위해 일찍 일어났습니다.

2 A：今天他们做什么事情？ 오늘 그들은 무엇을 했습니까?
B：今天他们看电影，吃自助餐，去公园散散步。
오늘 그들은 영화를보고, 뷔페를 먹고, 공원에 산책을 했습니다.

3 A：现在是哪一季节？ 지금은 어느 계절입니까?
B：现在是秋天。 지금은 가을입니다.

4 A：他们在哪儿坐着休息？ 그들은 어디에 앉아서 쉬었습니까?
B：他们在大树下的长凳上坐着休息。
그들은 큰 나무 아래 벤치에 앉아서 쉬었습니다.

1 정답 A : <u>不知</u>为什么她越来越瘦。그녀가 왜 갈수록 마르는지 모르겠습니다.

2 정답 B : 我妹妹起得<u>没有</u>我早。내 여동생은 나보다 일찍 일어나지 않습니다.

3 정답 B : 看电视<u>不</u>如看电影有意思。텔레비전 시청은 영화 관람보다 재미가 없습니다.

4 정답 A : 她<u>像</u>她妈妈那么漂亮。그녀는 자기 어머니처럼 예쁩니다.

5 정답 B : 他的手表<u>跟</u>你的一样。그 사람의 손목시계는 네 것과 같다.

6 今天<u>像</u>昨天那么热。오늘은 어제처럼 덥습니다.

7 这件衣服<u>没有</u>那件衣服脏。이 옷은 저 옷보다 더럽지 않습니다.

8 他汉语<u>不如</u>你说得流利。그의 중국어 실력은 너처럼 유창하지 못해.

9 他的爱好<u>跟</u>我的差不多。그의 취미는 나와 비슷합니다.

10 人们的生活水平<u>越来越</u>高了。사람들의 생활 수준이 갈수록 높아집니다.

1 他没有我这么帅。

2 学习汉语的人越来越多了。

3 他借的书跟我借的一样好看。

4 她像她妈妈那么漂亮。

5 你没有他大。

6 这件毛衣跟那件不一样。

7 这个教室有那个教室那么大。

8 雨越下越大。

9 他的意见跟我的不一样。

10 看电视不如看电影有意思。

PART 11

请把门关上。

문 좀 닫아주세요.

학습목표
동사 술어문의 일종으로 동작이 어떤 사물이나 사람에 대해 처치를 하거나
처치한 결과를 가리키는 처치문(把字句) 에 대해 알아봅니다.

기본회화

A : 今天真倒霉！我把钱包丢了。 오늘 정말 재수 꽝이야. 나 지갑 잃어버렸어.
▷ '倒霉' 는 사람을 대상으로 "재수 없다" 라고는 할 수 없습니다.
▷ 처치문에 쓰이는 동사 술어 뒤에는 반드시 '결과' 를 나타내는 부가적인 성분이 따라 나와야 합니다.
  '丢' (×) / '丢了' (○)

B : 是吗？在哪儿啊？ 그래? 어디서?
▷ '咦yí 는 '아이구' 라는 감탄사로서, 놀라움을 나타냅니다.

A : 你把我的摩托车骑走了吧？ 너 내 오토바이 타고 갔지?
▷ '把' 가 데리고 나오는 목적어는 반드시 특정한 대상이어야 합니다.

B : 没有。东东把它骑走了。 아니. 东东이 타고 갔어.

A : 外边很冷，你把大衣穿上吧。 밖이 많이 추우니, 코트를 입으세요.

B : 好的。你把大衣递给我好吗？ 네. 코트 좀 건네줄래요?
▷ '给' 가 결과보어로 쓰일 때는 처치문을 씁니다.

A : 你应该把他带回来才对。 그 사람을 데리고 왔어야지.

B : 人家不肯来我也没办法呀。 본인이 안 오려고 해서, 저도 어쩔 수 없었어요.
▷ '人家' 는 자기 자신, 다른 사람, 제3자를 모두 지칭할 수 있습니다
▷ '不肯' 은 ' ~하려고 하지 않다' 의 의미를 나타냅니다.

金小英	今天真倒霉，我把手机丢了。	오늘 정말 재수 꽝이야. 나 휴대폰 잃어버렸어.
李珉	你把它放在哪儿了？	어디다 놨는데?
金小英	我刚才坐出租汽车，车上还用了一次，下车后看就不见了。	나 방금 전에 택시 탔었는데, 차 안에서 한 번 썼었거든, 근데 내려서 보니까 안 보이잖아.
李珉	你打你的手机看看。	자기 휴대폰으로 전화해 봐.
金小英	我已经打了好几次，没有人接。	나 벌써 몇 번이나 걸어 봤는데, 아무도 안 받아.

▷ '好几次'는 '좋은 몇 번'이 아니라, '여러 번'이란 의미를 나타냅니다.
▷ '没有人接'는 '没有'를 쓰는 연동문입니다.

李珉	那怎么办？	그럼 어떻게 할 건데?
金小英	再买一部吧。	다시 하나 사야지 뭐.

▷ 买 사다 | 卖 팔다

李珉	啊，对了！我家里有一部旧的，你要不要？	아, 맞다! 우리 집에 중고 하나 있는데, 줄까?

▷ 旧的 오래된 | 二手 중고

金小英	你想给我？那太感谢你了！	나한테 준다고? 그럼 나야 고맙지.
李珉	没什么，那我明天把它带来吧。	뭘 그런 걸 가지고. 그럼 내가 내일 가지고 올게.

어법배우기

1 처치문(把字句)(1)

[기본 문형]

- 他把录音机带回来了。그 사람은 녹음기를 가지고 돌아왔습니다.
- 东东把黑板擦干净了。东东은 칠판을 깨끗하게 닦았습니다.
- 你把果皮扔进垃圾箱里。과일 껍질을 휴지통에 버리세요.
- 他把这本小说看了两遍。그 사람은 이 소설을 두 번 읽었습니다.
- 这件衣服太脏了，快把它洗干净。이 옷 너무 더럽다. 빨리 깨끗이 빨아라.

① 처치문에 부사어가 나오면 '把' 앞에 위치합니다.

- 小孟从书包里把电影票拿出来了。맹군은 책가방에서 영화 티켓을 꺼냈습니다.

· 李娜在宿舍里把新课预习好了。李娜는 기숙사에서 새로운 과를 모두 예습했습니다.
· 我上午要把这篇文章翻译完。나는 오전에 이 글의 번역을 끝낼 생각입니다.
· 人们都把他叫做睡猪。사람들은 모두 그를 잠꾸러기라 부릅니다.

② 처치나 영향을 받는 목적어는 '특정한 것' 이어야 합니다.
· 我们把那只鸡吃了。(○) 우리는 그 닭을 먹었습니다.
· 我们把一只鸡吃了。(×) 우리는 닭 한 마리를 먹었습니다.

③ 처치문의 부정문
· 我同屋没把收音机弄坏。내 룸메이트가 라디오를 고장 내지 않았습니다.
· 她没把你的钱偷走。그녀는 너의 돈을 훔쳐가지 않았다.
· 青青不把练习做完，不休息。青青은 연습 문제를 다 하지 않으면 쉬지 않을 겁니다.
· 你为什么不把你的意见说出来？너 왜 너의 의견을 얘기하지 않니?

④ 처치문의 기타성분으로 올 수 있는 보어
· 他把我的钱包偷过。(×) 그 사람은 내 돈지갑을 훔쳐 간 적이 있어요.
· 他把练习做不了。(×) 그 사람은 연습 문제를 풀 수 없어요.
· 他能把练习做完。(○) 그 사람은 연습 문제를 다 풀었습니다.
· 你把他的东西搬出去吧。(○) 너 재 물건 좀 옮겨 가.

⑤ 처치문에 쓰이는 동사
· 你把毛衣穿上吧。너 스웨터 입어.
· 她把英文杂志借走了。그녀가 영문 잡지를 빌려 갔습니다.
· 我弟弟把窗户关上了。내 남동생은 창문을 닫았습니다.

HSK 听力

1 정답 D A：(女) 你想把礼物送给谁？ 너 선물을 누구한테 주려고?

B：(男) 我想把礼物送给李娜。 난 李娜에게 선물을 주고 싶어.

问: 男的想把礼物送给谁？ 남자는 선물을 누구에게 주려고 합니까?

2 정답 D A：(男) 姐，二哥把钱包丢了。 누나, 작은 형 지갑 잃어버렸대.

B：(女) 怎么会呢？ 그럴 리가.

问: 男的跟谁说话？ 남자는 누구와 얘기하고 있습니까?

3 정답 C A：(男) 明天有时间去看电影吧。 내일 시간 있으면 영화 보러 가자.

B：(女) 看电影有什么意思？ 영화 보는 게 무슨 재미가 있어?

问: 女的意思是什么？ 여자가 말하는 의미는 무엇입니까?

4 정답 B A : (男) 别的都收拾好了，帽子放在哪儿呢？

다른 건 다 정리했어. 모자는 어디 두지?

B : (女) 你把饭桌上的帽子放在衣柜里吧。

식탁 위에 있는 모자를 옷장에 넣어 줘.

问 : 帽子现在在哪儿？ 모자는 지금 어디에 있습니까?

5 정답 A A : (男) 爸爸前天给你的一百块现在剩下了多少？

아빠가 엊그제 준 100원에서 지금 얼마나 남았니?

B : (女) 爸，我早就把它花光了。 아빠, 그건 벌써 다 써 버렸죠.

问 : 现在女的手里有多少钱？ 지금 여자에게 얼마가 있습니까?

HSK 口语

小英은 李珉과 오늘 그의 집에 가기로 약속을 했습니다. 小英은 가장 좋은 옷을 입고 가고 싶었습니다. 李珉은 5시 반에 학교 입구에서 그녀를 기다리기로 했는데 이미 4시가 되었습니다. 小英은 매우 조급했습니다. 그녀는 빨리 원피스를 찾으려고 했습니다. 小英은 옷장을 열어 안에 있는 옷들을 꺼내 침대 위에 놓고 하나 하나 보았지만, 원피스는 아직도 찾지 못했습니다. 이상하지. 이게 도대체 어딜 간 거지? 한참을 생각하다가 갑자기 지난주에 세탁소에 옷을 맡긴 것이 생각났습니다. 그녀는 급하게 세탁소를 갔습니다. 그러나 오늘은 쉬는 날이었습니다. 이렇게 해서 小英은 할 수 없이 청바지를 입고 나갔습니다.

1 A : 小英今天去谁的家？ 小英은 오늘 누구의 집에 갑니까?

B : 小英今天去李珉的家。 小英은 오늘 李珉의 집에 갑니다.

2 A : 他们在哪儿见面？ 그들은 어디서 만나기로 했습니까?

B : 他们在学校门口见面。 그들은 학교 앞 정문에서 만나기로 했습니다.

3 A : 小英的连衣裙在哪儿？ 小英의 원피스는 어디에 있습니까?

B : 小英的连衣裙在洗衣店里。 小英의 원피스는 세탁소에 있습니다.

4 A : 今天洗衣店开了门没有？ 오늘 세탁소는 문을 열었습니까?

B : 今天洗衣店没开门。 오늘 세탁소는 문을 열지 않았습니다.

HSK 语法

1 정답 D : 弟弟把妈妈给的零花钱花光了。

동생은 엄마가 주신 용돈을 모두 써 버렸습니다.

2 정답 B : 我怎么能吃你的蛋糕呢？ 내가 어떻게 네 케이크를 먹을 수 있겠니?

3 정답 C : 你为什么不把你的意见说出来？ 너는 왜 네 의견을 얘기하지 않니?

4 정답 A : 你快把门打开吧。 너 빨리 문 좀 열어.

5 정답 B : 东东没把书包里的书拿出。 东东은 책가방 속의 책을 꺼내지 않았습니다.

6 我们把那只鸡吃了。 우리는 그 닭을 먹었어요.

7 你应该把他带回来。 너는 그를 데리고 돌아와야 해.

8 我把苹果吃了。 내가 사과를 먹었어.

9 你为什么不把你的意见说出来？ 당신은 왜 당신의 의견을 얘기하지 않습니까?

10 我同屋没把收音机弄坏。 내 룸메이트는 라디오를 고장 내지 않았습니다.

HSK 写作

1 他把这本小说看了两遍。

2 我上午要把这篇文章翻译完。

3 她把我的汉语书拿走了。

4 你把毛衣穿上吧。

5 他没把回信带来了。

6 他把练习做完了。

7 你快把门打开吧。

8 我把妈妈给的零花钱花光了。

9 我们把那只鸡吃了。

10 我不想把礼物送给她。

PART 12

你把床放在这儿吧。

침대는 이쪽에 놓아 주세요.

학습목표
1 반드시 처치문(把字句)을 써야 하는 문장에 대해 알아봅시다.
2 일반 동사 술어문과 처치문(把字句)의 차이점에 대해 알아봅니다.

기본회화

A : 老公，你回来了？伞呢？ 여보, 왔어요? 우산은요?

B : 老婆，我把伞忘在车上了。 여보, 내가 글쎄 우산을 차 안에 놓고 내렸지 뭐야.

▷ '老公', '老婆'는 원래 대만·홍콩 등에서 쓰다가 넘어온 말로, 회화에서 많이 쓰입니다.
▷ '伞'은 '雨伞'이라고 할 수 있습니다.

A : 你能把这句话翻译成中文吗？ 너 이 말 중국어로 번역할 수 있어?

B : 可以。你给我一个小时的时间就OK了。
　　그럼. 나한테 한 시간 주면 할 수 있어.

▷ '小时(= 钟头)'는 '어떤 동작을 하는 데 걸리는 시간'을 의미하고, '时间'은 일반적인 개념의 '시
　간'의 의미를 나타냅니다.
▷ 'OK'나 'bye-bye(拜拜)' 같은 말은 중국인끼리의 회화에서도 자주 쓰는 표현입니다.

A : 你把那本书还给我好吗？ 그 책 좀 돌려주시겠어요?

▷ '还'는 [huán]와 [hái]로 발음이 바뀔 때 뜻이 달라집니다.
　还 [huán] : '돌아가다'·'돌아오다'·'돌려주다'·'보답하다'·'되돌아가다' 등의 의미를 나타냅니다.
　还 [hái] : '아직'·'여전히'·'더욱'·'또' 등의 의미를 나타냅니다.

B : 好，我明天就还给你。 네. 내일 바로 돌려줄게요.

A : 小李，我的桌子呢？ Mr.리, 내 책상은?

B : 部长，老板把你的桌子搬到外边儿去了。
　　부장님, 사장님께서 부장님 책상을 밖으로 치우셨어요.

▷ 방향보어를 쓸 때, 장소 목적어가 나오면 '来'와 '去' 앞에 놓습니다.

金小英	李珉！你把冰箱放在饭桌旁边好吗？

자기야 , 냉장고는 식탁 옆에 놔 줄래?

▷ 우리는 남편이나 애인을 부를 때, 보통 '누구씨' 혹은 '자기야' 이런 식으로 부르지만, 중국에 서는 성과 이름을 그대로 부르는 경우가 많습니다. 예를 들면, '张三, 你在哪儿?'

李珉	好的。那洗衣机呢？搬到哪儿呢？

오케이. 그럼 세탁기는? 어디다 옮겨 놓지?

▷ 电视 TV | 微波炉 전자렌지 | 电脑 컴퓨터 | 音响 오디오

金小英	你们把洗衣机搬到阳台上就好了。

세탁기는 베란다에 놔 주면 좋겠어요.

王明	这幅画呢，挂在哪儿啊？ 이 그림은 어디다 걸죠?

金小英	这幅画是要送人的。 이 그림은 선물할 거예요.

▷ 画画 그림 그리다

▷ '送人的' 는 '送给别人的' 라고 할 수 있습니다.

王明	你要把这幅画送给谁呢？ 이 그림 누구한테 선물하려고요?

金小英	这是秘密！ 비밀!

李珉	是不是想送给我？ 나한테 주려고?

金小英	李同志！别自作多情啦！ 이 동지! 김칫국부터 마시지 마요.

▷ '同志' 라는 말은 약간 무거운 느낌이지만, 회화에서 농담처럼 쓰입니다.

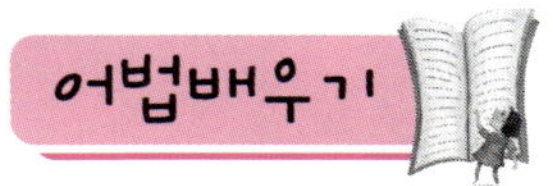

어법배우기

1 처치문(把字句) (2)

① 동사 '在' 가 결과보어로 쓰여 뒤에 장소를 나타내는 목적어를 동반할 때

· 你把衣服挂在柜子里吧。 옷을 옷장에 걸어요.

· 你把自行车放在这儿吧。 자전거를 여기다 세워 놔요.

② 동사 '到' 가 결과보어로 쓰여 뒤에 장소를 나타내는 목적어를 동반할 때

· 我们要把这些椅子搬到二楼。 우리는 이 의자들을 2층으로 옮겨 놓으려고요.

· 他把箱子送到我这儿了。 그는 트렁크를 나한테 갖다 줬어요.

③ 동사 '成' 가 결과보어로 쓰여 뒤에 결과를 나타내는 목적어를 동반할 때

· 小张把"大"写成"太"了。Mr.장은 '大'자를 '太'로 썼습니다.
· 赵总想把美元换成人民币。조 사장은 달러를 인민폐로 바꾸려합니다.
▷ '美元'은 '美金'이라고 쓸 수 있습니다.

④ 동사 '给'가 결과보어로 쓰여 뒤에 대상을 나타내는 목적어를 동반할 때
· 他把自己的自行车送给我了。그 사람은 자기 자전거를 나한테 주었어요.
· 我把试卷交给老师了。나는 시험지를 선생님께 제출했습니다.

⑤ 동사 술어 뒤에 복합방향보어와 장소를 나타내는 목적어를 동반할 때
· 妈妈把弟弟带进屋里来了。엄마는 동생을 방 안으로 데리고 들어오셨어요.
· 我把他送回家去了。나는 그를 집에 데려다 주었어요.

[처치문의 특수한 형태]
· 他把你拜托的事情给忘了。그 사람은 네가 부탁한 일을 잊어버렸어.
· 师傅把自行车给修好了。아저씨가 자전거를 다 수리하셨어요.
· 他去机场把中国客人接回来了。그는 공항에 가서 중국 손님을 모셔왔습니다.
· 爸爸让我去火车站把表哥接回来。
  아버지께서 나더러 기차역에 가서 사촌 형을 마중하라고 하셨습니다.
· 我们有信心把这项工作做好。우리는 이 프로젝트를 해낼 수 있다는 믿음이 있습니다.
· 你就让我把话说完吧。자네 내가 말을 끝낼 수 있게 해 주게나.

2 일반 동사술어문과 처치문(把字句)

· 我们吃了那只鸡腿。우리는 그 닭다리를 '먹었습니다'.
▷ '鸡腿'를 먹었는지 안 먹었는지를 설명합니다.
· 我们把那只鸡腿吃了。우리가 '그 닭다리를' 먹었습니다.
▷ '鸡腿'에 대한 처치 상황을 설명합니다.
· 这件衣服她洗干净了。이 옷을 그녀는 '깨끗하게 빨았습니다'.
▷ 옷을 깨끗하게 빨았는지에 대해 설명합니다.
· 她把这件衣服洗干净了。그녀는 '이 옷을' 깨끗하게 빨았습니다.
▷ 옷을 어떻게 처치했는지의 결과에 대해 설명합니다.

HSK 听力

1 정답 C A : (男) 李珉开车去哪儿了? 李珉은 차를 몰고 어디에 갔습니까?
B : (女) 李珉开车去火车站了。李珉은 차를 몰고 기차역에 갔습니다.
问: 谁开车去火车站了? 누가 차를 몰고 기차역에 갔습니까?

2 정답 B A : (男) 你考虑过结婚吗? 너 결혼 생각해 봤어?

B：（女）我不把汉语学好决不结婚。

　　　　나는 중국어를 마스터하지 않으면 결혼하지 않을 거야.

问：女的意思是什么？ 여자가 말하는 의미는 무엇입니까?

3 정답 A A：（男）你为什么没把这条裤子送到洗衣店？

　　　　너 이 바지 왜 세탁소에 안 맡겼니?

B：（女）明天吧，今天洗衣店休息。내일 할게. 오늘 세탁소가 쉬는 날이야.

问：今天洗衣店开了没有？ 오늘 세탁소는 문을 열었습니까?

4 정답 D A：（男）东东能把这篇文章翻译成中文吗？

　　　　东东은 이 글을 중국어로 번역할 수 있습니까?

B：（女）他的汉语不太好，恐怕他翻译不了。

　　　　그의 중국어 실력은 그다지 좋지 않아, 아마 못 할 거야.

问：女的意思是什么？ 여자가 말하는 의미는 무엇입니까?

5 정답 C A：（男）你让王明直接把那本书还给周老师吧。

　　　　너 王明한테 그 책 좀 바로 주 선생님께 돌려드리라고 해 줘.

B：（女）好的。我一定告诉她。알았어. 꼭 전해 줄게.

问：现在书在谁那儿？ 지금 책은 누구한테 있습니까?

HSK 口语

아저씨, 옷장은 여기에 놓아 주세요. 식탁은 부엌에 두고요. 침대는 창문 앞이요. 책상은 거기 놓지 마시구요, 침대 왼쪽에 놓아 주세요. 티 테이블은 침대 오른쪽에 놓아 주세요. 컴퓨터는 책상 위에 두세요. 텔레비전은 거실에 두세요. 어? 냉장고가 왜 방에 있죠? 어서 주방으로 옮겨 주세요. 아! 맞다. 세탁기는 화장실 안이에요. 됐네요. 수고들 하셨습니다. 다음에 이사할 때도 반드시 그쪽 회사로 연락드릴게요.

1 A：她在干什么？ 그녀는 무엇을 합니까?

B：她在搬家。그녀는 이사를 하고 있습니다.

2 A：师傅可能是哪个公司的人？ 아저씨는 아마 어떤 회사의 사람이겠습니까?

B：师傅可能是搬家公司的人。아저씨는 아마 이삿짐 회사 직원일 것입니다.

3 A：把饭桌放在哪儿？ 식탁은 어디에 놓았습니까?

B：把饭桌放在厨房里。식탁은 부엌에 두었습니다.

4 A：她家有什么东西？ 그녀의 집에는 무슨 물건이 있습니까?

B：她家有衣柜、饭桌、床、桌子、茶桌子、电脑、电视机、冰箱、洗衣机。

　　그녀의 집에는 옷장, 식탁, 침대, 책상, 티 테이블, 컴퓨터, 텔레비전, 냉장고, 세탁기가 있습니다.

1 정답 D : 她把我给的书放在书架上了。그녀는 내가 준 책을 책꽂이에 꽂았습니다.

2 정답 D : 我把人民日报交给她了。나는 인민일보를 그녀에게 주었습니다.

3 정답 C : 我妹妹把我的笔记本电脑给弄坏了。
내 여동생은 내 노트북을 망가뜨렸습니다.

4 정답 A : 我不把汉语学好决不结婚。
나는 중국어를 마스터하지 않고서는 절대로 결혼하지 않을 것입니다.

5 정답 C : 我们把床搬到外边去了。우리는 침대를 바깥으로 옮겼습니다.

6 我把这篇文章给翻译成韩文了。나는 이 글을 한국어로 번역했습니다.

7 师傅把自行车给修好了。아저씨가 자전거를 다 수리하셨습니다.

8 我们吃了那只鸡腿。우리는 그 닭다리를 먹었습니다.

9 我把老爷爷送到火车站了。나는 할아버지를 기차역까지 모셔다 드렸습니다.

10 你把那本书寄给我了。너 그 책 좀 나한테 부쳐 줘라.

1 他把自己的自行车送给我了。

2 我把他送回家去了。

3 她把这件衣服洗干净了。

4 你把那本书寄给我吧。

5 他去机场把中国客人接回来了。

6 他把这篇文章翻译成中文了。

7 我把人民日报交给她了。

8 他把轿车开到哪儿了？

9 他把茶都给喝了。

10 妈妈把弟弟带进屋里来了。

PART 13

是不是被部长骂了一顿?

부장님한테 욕먹었지요?

학습목표

'어떤 사람이나 사물에 의해 모종의 조치/처리를 당하다' 라는 표현을 할 때
쓰는 , 피동문(被动句)에 대해 알아봅니다.

기본회화

A : 你哥哥在家吗? 너네 오빠 집에 있어?

B : 我哥哥被他的朋友叫出去了。 우리 오빠, 친구가 불러서 나갔어.

▷ '叫出去' 는 동사 '叫' 에 복합 방향보어 '出去' 가 결합된 형태입니다.

A : 哎, 你怎么不高兴了? 애, 너 왜 기분이 안 좋은데?

▷ 이 문장에서의 '了' 는 상황이 변하고 있음을 표현합니다.

B : 我的蛋糕被弟弟吃掉了。 내 케익을 (글쎄) 동생이 먹어 치웠지 뭐야.

▷ '掉' 는 '깨끗하게 해치우다' 의 의미를 나타냅니다.

A : 你的衣服是不是叫人偷走了? 네 옷 도둑맞았지?

B : 我的衣服没叫人偷走。 내 옷 도둑 안 맞았는데.

A : 阳台上的鱼呢? 베란다에 있던 생선은?

B : 一定是让猫给吃了。 틀림없이 고양이가 해치웠다니까.

▷ '给' 는 이 문장에서 어기를 강조해 주는 용법으로 쓰였습니다. 단, '给' 를 안 써도 문장 자체에는 전
혀 문제가 없습니다.

李珉	小英姐，你怎么了？是不是哭了？	소영 누나, 왜 그래요? 울었구나?
金小英	没有啊。谁哭了？	아냐, 누가 울어?
李珉	是不是又被部长骂了一顿？	또 부장님한테 욕먹었지요?
金小英	没有。	아니라니까.
李珉	那谁惹你生气了？	그럼 누가 열 받게 했는데요?

▷ 이 문장은 '谁得罪你了?' 라고 바꿔 쓸 수도 있습니다.

金小英	没有。李珉，我想辞职。	없어. 李珉 씨, 나 사표 내려고.
李珉	那也行。辞职回家给我做饭、洗衣服吧。	잘됐네. 사표 내고 집에 가서 나 밥이나 해 주고, 빨래나 해 줘요.

▷ '那也行' 은 "그럼 그렇게 해도 괜찮고요."의 의미를 나타냅니다.

金小英	你说什么呀？	무슨 말 하는 거야?

▷ '你说什么呀?' 는 '你说到哪儿去了?' 로 쓸 수 있습니다.

李珉	哈哈……我只是说希望如此……	하하하… 그냥 희망 사항이 그렇다는 거지요.

▷ '希望如此' 는 "희망이 이러 합니다"의 의미를 나타내며 회화에서 자주 쓰입니다.

金小英	算了…… 我说错了！	됐어. 내가 말을 잘못 했다.

▷ '算了' 는 '됐어요. 관둡시다' 라는 의미를 나타냅니다.

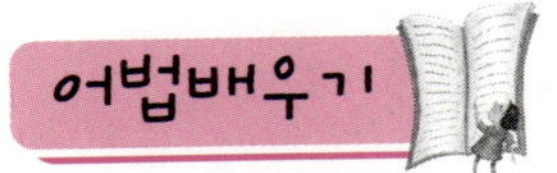

1 피동문(被动句)

[기본 문형]

- 这个茶杯被他打碎了。 이 찻잔은 그 사람이 깨뜨렸어요.
- 我被收音机吵醒了。 나는 라디오 소리에 깼어요.
- 那辆自行车被小王搬到车库里去了。 그 자전거는 小王이 차고에 갖다 놨어요.
- 我的词典让人借走了。 내 사전은 누가 빌려 갔어요.
- 饺子都让他们吃完了。 만두는 그 사람들이 모두 다 먹어 치웠습니다.
- 暖瓶叫同桌不小心碰倒了。 보온병은 짝꿍이 까불다 엎어 버렸다.
- 小张叫我批评了一顿。 Mr.장은 나한테 한바탕 혼이 났습니다.

64

[피동문의 특징]

① 피동문에 쓰이는 주어
- 我的毛巾 (○)　　那个毛巾 (○)　　一个毛巾 (×)
- 那个毛巾让水冲走了。(○) 그 수건은 물에 떠내려갔습니다.
- 我的毛巾让水冲走了。(○) 내 수건이 물에 떠내려갔습니다.
- 一个毛巾让水冲走了。(×) 어떤 수건이 물에 떠내려갔습니다.

② 피동문에 쓰이는 술어 동사와 기타 성분
- 那本书被我朋友拿走了。(○) 그 책은 내 친구가 들고 갔습니다.
- 那本书被我朋友拿着。(×) 그 책은 내 친구가 들고 있습니다.

③ '被' 뒤에 '人'을 쓰지 않아도 되지만, '叫', '让' 뒤에는 반드시 '人'을 써야 합니다.
- 他被骂了一顿。(○) 그는 욕을 한바탕 들었습니다.
- 他叫骂了一顿。(×) 그는 욕을 한바탕 들었습니다.

④ 피동문에 부사어가 나올 때는 '被' '叫' '让' 앞에 써줍니다.
- 那个孩子昨天被狗咬了。 그 아이는 어제 개한테 물렸습니다.
- 我的自行车刚被我哥哥骑走了。 내 자전거는 막 우리 오빠가 타고 갔어요.
- 我们都被眼前的景色吸引住了。 우리는 모두 눈앞에 펼쳐진 경치에 반했습니다.
  ▷ 眼前 눈앞, 현재 | 景色 경치 | 吸引 흡수하다, 끌어당기다, 매료시키다 | 住 (결과보어) 고정시키다
- 这样好的茶杯偏偏被他打碎了。
  이렇게 좋은 찻잔이 공교롭게 그 녀석 때문에 박살이 났다.

⑤ 피동문의 부정형은 부정부사 '没'를 '被', '叫', '让' 앞에 써 주면 됩니다.
- 自行车没被东东骑走。 자전거는 东东이 타고 가지 않았습니다.
- 桌子上的东西没被他拿走。 책상 위의 물건은 그가 가져가지 않았습니다.
- 我的手表没叫人偷过。 내 손목시계는 도둑맞은 적이 없습니다.

⑥ '给'가 피동문이나 처치문의 술어 동사 앞에 직접 쓰여 어기를 강하게 하기도 합니다.
- 他让人给打了。 그 사람은 누군가한테 맞았습니다.
- 那个小孩儿叫狗给咬了。 그 아이는 개한테 물렸습니다.

⑦ 개사 '被', '叫', '让' 대신 개사 '给'를 쓰기도 합니다.
- 小弟弟给雷声惊醒了。 어린 남동생이 천둥소리에 놀라 깼다.
- 会场已经都给布置好了。 회의장이 벌써 다 꾸며졌습니다.
  ▷ 雷 천둥, 우레 | 声(音) 소리 | 惊醒 놀라 깨다 | 布置 꾸미다, 장식하다.

⑧ 피동문(被动句) 과 처치문(把字句) 은 호환할 수 있습니다.

· 我弟弟把那听可乐喝了。 내 동생이 그 콜라를 마셨어요.

= 那听可乐我弟弟他喝了。 그 콜라는 내 동생이 마셨어요.

= 那听可乐被我弟弟喝了。 그 콜라는 내 동생이 마셨어요.

1 정답 C A : (男) 哎，你怎么不高兴？ 애, 너 왜 기분이 안 좋은데?

B : (女) 我的蛋糕被我妹妹吃掉了。 내 케이크를 여동생이 다 먹어 치웠지 뭐야.

问 : 女的什么东西被她的妹妹吃掉了？

여자의 어떤 것을 그녀의 여동생이 다 먹어 치웠습니까?

2 정답 C A : (男) 阳台上的鱼呢，让小狗给吃了？

베란다에 있던 생선, 강아지가 먹은 거니?

B : (女) 不是吧，一定是让猫给吃了。 아닐 거야. 아마 고양이가 먹었을 거야.

问 : 女的想谁吃了阳台上的鱼呢？

여자는 베란다의 생선을 누가 먹었다고 생각합니까?

3 정답 B A : (男) 你弟弟把玫瑰花买回来了吧？ 네 남동생이 장미를 샀지?

B : (女) 玫瑰花呀，东东买回来了。 장미, 东东이 샀어.

问 : 谁买回来了玫瑰花？ 누가 장미를 사왔습니까?

4 정답 B A : (女) 李珉，怎么了，你病了？ 李珉, 왜 그래. 너 아프니?

B : (男) 不是啊，成绩不好给妈妈骂了一顿。

아니, 성적이 안 좋아서 엄마한테 야단맞았어.

问 : 李珉的心情怎么样？ 李珉의 기분은 어떻습니까?

5 정답 A A : (男) 你看你被淋湿的样子。 너 비 맞은 생쥐 꼴이다.

B : (女) 我也想不到雨下得这么大。 나도 비가 이렇게 많이 올 줄 몰랐어.

问 : 外边的天气怎么样？ 밖의 날씨는 어떻습니까?

야. 너 거기서 잘 지내니? 지금 베이징의 날씨는 어떠니? 너 이 나쁜 녀석 왜 소식이 없는 거야? 너 날 잊어
버린 건 아니지? 아! 맞다. 지난번에 네가 말했던 잃어버린 자전거는 찾았니? 네 컴퓨터는 아직도 자꾸 바이
러스를 먹니? 언제 시간 나면 채팅이나 좀 하자. 아니면 답장을 하던가 말야. 난 매일 수신함을 확인하는데,
네 메일이 보이지 않으면 얼마나 속상한지 아니? 그러니 빨리 답장 좀 해 줘.
경고 : 만약 계속 소식이 없을 경우 딴 남자를 찾아보겠음!

1 A：说话人在写什么？ 화자는 무엇을 쓰고 있습니까?

    B：说话人在写电子邮件。 화자는 이메일을 쓰고 있습니다.

2 A：说话人什么时候看收件箱？ 화자는 언제 수신함을 봅니까?

    B：说话人天天看收件箱。 화자는 매일 수신함을 봅니다.

3 A：男的现在在哪儿？ 남자는 지금 어디에 있습니까?

    B：男的现在在北京。 남자는 지금 베이징에 있습니다.

4 A：如果男的没有消息的话，女的想做什么？

      만약 남자한테 연락이 없을 경우. 여자는 무엇을 할 생각입니까?

    B：如果男的没有消息的话，女的就去找别的男人。

      만약 남자한테 연락이 없을 경우. 여자는 딴 남자를 찾을 생각입니다.

HSK 语法

1 정답B：饺子都让他们吃完了。 만두는 그 사람들이 모두 다 먹었습니다.

2 정답A：他的病被东东治好了。 그의 병을 东东이가 고쳐 주었습니다.

3 정답A：自行车叫小偷偷走了。 자전거를 도둑이 훔쳐 갔습니다.

4 정답A：他让人给打了。 그 사람 남에게 맞았습니다.

5 정답B：桌子上的东西没被他拿走。 책상 위의 물건은 그가 가져가지 않았습니다.

6 他让人给骂了一顿。 그는 한바탕 욕을 먹었습니다.

7 我的手表没叫人偷走。 내 손목시계는 도둑맞지 않았습니다.

8 我的毛巾让水冲走了。 내 수건이 물에 떠내려갔습니다.

9 那本书被我朋友拿走了。 그 책은 내 친구가 들고 갔습니다.

10 我的毛衣已经叫我妹妹穿走了。 내 스웨터는 내 여동생이 벌써 입고 갔습니다.

HSK 写作

1 我哥哥被他的朋友叫出去了。   **2** 这个茶杯被他打碎了。

3 我的毛巾让水冲走了。   **4** 那本书被我朋友拿走了。

5 桌子上的东西没被他拿走。   **6** 他让人给打了。

7 电视机给孩子弄坏了   **8** 我叫小狗给咬了。

9 他们俩的关系让我们发现了。   **10** 他被骂了一顿。

PART 14

他有件事儿想跟你商量。

그는 당신하고 상의할 일이 있습니다.

학습목표

1 동사 술어문의 형식을 띠면서 '주어' 가 동작의 '주체' 가 아니고, 동작의 '대상' 이 되는 문장을 의미상의 피동문(意义被动句)이라 합니다. 의미상의 피동문, 즉 '被' 가 들어가진 않지만 피동의 뜻을 나타내는 문장에 대해 알아봅니다.

2 '有', 没有'를 쓰는 연동문(连动句)에 대해 알아봅니다.

기본회화

A : 今天的作业做完了？ 오늘 숙제 다 했어?

B : 当然，那还用说！ 아이참, 그걸 말이라고 해?

▷ '那还用说!' 는 '두말하면 잔소리' 라는 의미를 나타냅니다.

A : 矿泉水送来了吗？ 생수 배달 됐어요?

▷ 开水 끓인 물 | 白开水 끓인 맹물 | 凉开水 끓여서 식힌 물

B : 嗯，已经送来了。 네. 이미 배달됐어요.

A : 小英，我有话想跟你说。 소영 씨, 나 소영 씨한테 할 말이 있는데.

▷ '有' 를 쓰는 연동문입니다. 조금 어렵지만 중국인들의 일상에서 많이 쓰는 표현입니다.

B : 什么话？ 快说吧。 무슨 말요? 빨리 말해 봐요.

A : 你们俩最近吵架了吗？ 너희 둘 요즘 싸웠니?

▷ '最近' 은 '这两天', '这几天' 과 바꿔 쓸 수 있지요.

B : 没有，我们俩都忙得没时间见面。

아뇨. 우리 둘 다 바빠서 못 만나는 거예요.

▷ '没(有)' 를 쓰는 연동문입니다.

同事 哟！你的衣服都湿了。外边还在下着雪吧？
어머나, 李珉 씨 옷이 다 젖었어요. 밖에 아직도 눈이 오지요?
▷ 동태조사 '着'를 써서 눈이 내리고 있음을 표현했습니다.

李珉 外边雪下得真不小啊！ 밖에 눈이 장난 아니게 오는데요.
▷ '真不小啊!' 와 같이 역설적으로 말하는 습관은 중국인들이 좋아하는 표현 방식입니다.
'时间不早了' 는 '시간이 늦었네요', '钱不多了' 는 '돈을 많이 써 버렸네요' 의 의미를 나타냅니다.

同事 这两天一会儿下雪，一会儿刮大风，真让人受不了。
요즘은 금방 눈 왔다, 금방 바람이 쌩쌩 불었다, 정말 못 살겠어요.
▷ '这两天' 에서 '两' 은 어림수로 쓰인 것입니다. '这两天' 은 '最近 최근', '这几天 요 며칠' 등과 바꿔 쓸 수 있습니다.
▷ '一会儿…, 一会儿…' 는 '잠시 ~했다가, 잠시 ~했다가' 의 의미를 나타냅니다.

李珉 就是嘛。下午还得去检查身体呢。
그러게요. 오후엔 건강 검진도 받으러 가야 하잖아요.

同事 这样的天气，真不想出去。 이런 날씨엔 정말 나가고 싶지 않아요.

李珉 我也是。 저도요.

同事 啊，对了！刚才赵部长找过你。 아, 맞다. 방금 전에 조 부장님이 찾으셨어요.

李珉 他找我有什么事儿啊？ 부장님께서 저한테 무슨 볼일 있으시대요?
▷ '啊' 는 '吗' 와 바꿔 쓸 수 있습니다.

同事 他说，他有件事儿想跟你商量。
부장님이 그러시는데 李珉 씨하고 상의할 일이 있다고 하시던걸요.
▷ '有' 를 쓰는 연동문입니다. 有(동사1)-想(조동사)-商量(동사2)의 구조입니다.

李珉 知道了，我去找他吧。 알겠습니다. 제가 찾아뵙죠.
▷ '我去找他吧' 는 일반 동사의 연동문 입니다. 去(동사1)-找(동사2)

어법배우기

1 의미상의 피동문(意义被动句)

· 我写文章。 나는 문장을 씁니다.
· 她洗衣服。 그녀는 빨래를 합니다.
· 他在开车。 그는 운전을 하고 있습니다.

· 文章已经写好了。 글은 다 썼습니다.
· 衣服洗得很干净。 옷은 깨끗하게 빨았습니다.
· 车开得太快了。 차가 너무 빠르네요.

· 作业做完了。숙제는 다 했습니다.
· 我的钱包丢了。지갑을 잃어버렸어요.
· 那件衣服已经洗过了。그 옷은 이미 빨았어요.
· 这月房租还没交呢。이번 달 집세는 아직 못 냈어요.
  ▷ 房租 집세 : 중국에는 전세는 없고 월세만 있습니다. 보통 한두 달치 월세를 보증금으로 내고,
    3개월 단위로 집세를 내는 경우가 많습니다.
· 困难已经克服了。난관은 이미 극복했어요.
· 课文已经能念熟了。본문은 이미 숙달되었습니다.
· 衬衣洗得很干净。셔츠가 깨끗이 빨렸네요.
  ▷ 사물 주어의 술어 뒤에 정도보어가 나올 때는 보통 의미상의 피동문으로 볼 수 있습니다.
  ▷ 衬衣 셔츠
· 汽车开得太快了。차가 너무 빨리 달리네요.
· 青青的衣服送到宿舍里去了。青青의 옷은 기숙사로 배달되었습니다.
· 李娜的书放在桌子上了。李娜의 책은 책상 위에 놓았습니다.
· 信已经寄走了。편지는 이미 부쳤습니다.

2 有, 没有를 쓰는 연동문

· 我有钱花。저는 쓸 돈이 있습니다.
  ▷ 두 번째 동사가 목적어를 갖지 않을 때는, '有' 동사의 목적어가 의미상 두 번째 동사의 동작 대상이
    됩니다.
· 我有个问题想跟你商量。나는 당신한테 상의하고 싶은 문제가 하나 있습니다.
· 我有很多话要跟你说。저는 당신한테 하고 싶은 말이 너무 많아요.
· 我没有时间去吃饭。나는 밥 먹으러 갈 시간이 없어요.
· 他没有书看, 我给他借了几本。그 사람 읽을 책이 없어서, 내가 몇 권 빌려 줬어요.

3 사역동사와 개사를 겸한 叫와 让

① 叫

· 我叫了半天了。난 한참을 불렀다.
· 你去叫他快来这儿。너 그 사람더러 빨리 여기로 오라고 해.
· 桌子上的纸叫风刮散了。책상 위의 종이는 바람에 흩어졌습니다.

② 让

· 先生让一下好吗? 我要下车。선생님, 좀 비켜 주실래요? 제가 내려야 하거든요.
· 我让你快走, 可你还不走, 这是什么意思?
  내가 빨리 가라고 일렀건만, 아직도 안 가고 있으면 뭐 하자는 건데?
· 我的自行车让人骑走了。내 자전거를 누군가가 타고 갔습니다.

1 정답 B A：(男) 今天的作业做完了？ 오늘 숙제 다 했니?

B：(女) 当然，那还用说！ 당연하지. 그걸 말이라고 해?

问：女的意思是什么？ 여자가 말하는 의미는 무엇입니까?

2 정답 C A：(男) 李娜有件事儿想跟你商量。 李娜가 너랑 의논할 일이 있다더라.

B：(女) 是吗？那叫她晚上到我家来吧。

그래? 그럼 李娜한테 저녁에 우리 집에 오라고 해.

问：谁想跟女的商量？ 누가 여자와 의논할 일이 있습니까?

3 정답 B A：(男) 报告写完后叫李娜把它交给我吧。

보고서 다 쓰면 李娜한테 나한테 좀 전해 달라고 해 줘.

B：(女) 好。知道了。 응. 알았어.

问：谁写报告？ 누가 보고서를 씁니까?

4 정답 A A：(男) 我叫王明。认识你很高兴。

저는 王明이라고 합니다. 중국인이고요. 만나게 되어 반갑습니다.

B：(女) 我也是。 저도요.

问："我也是"是什么意思？ "저도요"는 무슨 의미입니까?

5 정답 B A：(男) 小英要的青年日报放在桌子上了。

소영이 필요하다던 청년일보 책상에 놨어.

B：(女) 早上我也买了一份儿。 아침에 나도 한 부 샀는데.

问：现在有几份儿青年日报？ 지금 몇 부의 청년일보가 있습니까?

아침 일찍 엄마가 나를 깨우셨다. 엄마 말씀이, 어제 사다 놓은 '갈치'가 없어졌다는 것이다. 아니 그럼 내가 먹었다고 생각하시는 건가? 비록 내가 '갈치'를 좋아하기는 하지만, 그걸 날로 먹었을까. 한참을 생각 끝에 난 드디어 알아냈다. 베란다에 있던 '갈치'는 틀림없이 '샤오샤오'가 먹어 치웠을 것이다. 이 빌어먹을 '샤오샤오'는 우리 집 고양이다. 그 녀석의 웃는 모습이 환상이라 우리 식구는 그 녀석을 '샤오샤오'라 부른다. 하지만 녀석은 나쁜 버릇이 하나 있다. 바로 생선을 훔쳐 먹는 것이다. 앗! 이불쌍한 고양이가 오늘도 엄마한테 맞겠군.

1 A：说话人的家里发生了什么事儿？ 화자의 집에 무슨 일이 일어났습니까?

B：妈妈买回来的"刀鱼"没了。 엄마가 사 온 '갈치'가 없어졌습니다.

2 A：他想了半天，终于明白了。谁吃了"刀鱼"？

그는 한참을 생각 끝에 알아냈습니다. 누가 '갈치'를 먹었습니까?

B：他想了半天，终于明白了。他家的小猫吃了"刀鱼"。

그는 한참 생각 끝에 그의 집 고양이가 '갈치'를 먹었다는 것을 알아냈습니다.

3 A："笑笑"是谁？ '샤오샤오'는 누구입니까?

B："笑笑"是他家的小猫。 '샤오샤오'는 그의 집 고양이입니다.

4 A：他家里人为什么叫它"笑笑"呢？

그의 가족들은 왜 고양이를 '샤오샤오'라고 부릅니까?

B：因为它笑得特甜，所以我家里人就叫它"笑笑"。

고양이의 웃는 모습이 환상적이라 그의 가족들은 고양이를 '샤오샤오'라고 부릅니다.

HSK 语法

1 정답 D：这两天我没事儿可干。요즘 할 일이 별로 없습니다.

2 정답 A：他没有书看，我给他借了几本。

그 사람 읽을 책이 없어서, 내가 몇 권 빌려 줬습니다.

3 정답 B：你去叫他快来这儿。너 그 사람보고 빨리 여기로 오라고 해 줘.

4 정답 D：我还有很多事情要做。나는 아직도 해야 할 일이 많습니다.

5 정답 A：青青的衣服送到宿舍里去了。청칭의 옷은 기숙사로 배달되었습니다.

6 我的自行车让人骑走了。내 자전거를 누군가가 타고 갔습니다.

7 我没有时间去吃饭。나는 밥 먹으러 갈 시간이 없습니다.

8 爸爸的皮鞋擦得很干净。아빠의 구두가 깨끗하게 닦였습니다.

9 他的收音机修理好了。그의 라디오는 수리되었습니다.

10 我有件事儿想跟你商量。나는 너랑 의논할 일이 좀 있어.

HSK 写作

1 文章已经写好了。　　　　**2** 我个钱包丢了。

3 汽车开得太快了。　　　　**4** 桌子上的纸叫风刮散了。

5 我妹妹没有裤子穿。　　　　**6** 报告写完后交给我吧。

7 你说的那份杂志放在你的书包里了。　　**8** 我有钱花。

9 我没有时间去吃饭。　　**10** 我有很多话要跟你说。

PART 15

今天家里来了很多客人。

오늘 집에 손님이 많이 오셨습니다.

학습목표
어떤 장소에 사람이나 사물이 '존재' · '출현' · '소실' 하는 것을 표현하는 존현문(存在句)에 대해 알아봅니다.

기본회화

A : 桌子上放着什么东西呢？ 책상 위에 뭐가 놓여 있나요?

B : 桌子上放着英文书和三支圆珠笔。
책상 위에 영어책하고 볼펜 3자루가 놓여 있어요.

▷ '~에 무엇이 존재하고 있음' 을 나타내는 존현문입니다.

▷ 钢笔 만년필 | 铅笔 연필 | 自动铅笔 샤프펜슬

A : 今天家里来了几个客人？ 오늘 집에 손님 몇 분이 오셨나요?

B : 今天家里来了五个客人。 오늘 집에 손님 다섯 분이 오셨어요.

▷ '~에 무엇이 출현했음' 을 나타내는 존현문입니다.

A : 早上走了几个人？ 아침에 몇 사람이 갔죠?

B : 早上走了一个人。 아침에 한 사람이 갔어요.

▷ '~에서 무엇이 소실되었음(사라졌음)' 을 나타내는 존현문입니다.

A : 停车场里停着几辆车？ 주차장엔 차 몇 대가 서 있나요?

B : 停车场里没停着车。 주차장에 차가 없습니다.

▷ '~에서 무엇이 존재하고 있음' 을 나타내는 존현문입니다.

同学	李娜，今天天气好极了，我们出去玩儿吧。

李娜, 오늘 날씨 좋은데 우리 놀러 가자.

▷ '놀러 가자' 라고 할 때, 중국어에서는 어딘가로 먼저 가야지 놀 수 있기 때문에, '出去'를 먼저 쓰고 이어서 '玩儿'을 씁니다.

李娜	不行，我不能出去了。 안 돼. 나 못 나가.
同学	怎么了，是不是约了男朋友？ 왜? 남자 친구랑 약속했구나?
李娜	没有，今天家里来了很多客人。 아니, 오늘 집에 손님이 많이 오셨어.
同学	你家来了很多客人？谁来了？ 집에 손님이 많이 오셨다고? 누가 오셨는데?
李娜	大姑、二姑和表哥他们。 큰고모, 둘째 고모와 외사촌 오빠들.
同学	是吗？那我知道了。你好好儿招待他们吧。

그래? 그럼 알았어. 손님 접대 잘 해.

▷ 남녀가 섞여 있을 때, 복수형으로 표현하면 보통 '他们'이라고 씁니다.

李娜	你们想去哪儿啊？ 너희들 어디 갈 건데?
同学	我们想去大海看看。 우리 바다나 보러 갈까 하고.
李娜	是吗？祝你们玩儿得开心！ 그래? 재미있게 놀아!

▷ 祝你生日快乐! 생일 축하합니다 | 祝你一路平安! 가시는 길이 평안하길 기원합니다
祝你早日康复! 건강이 빨리 회복되길 기원합니다

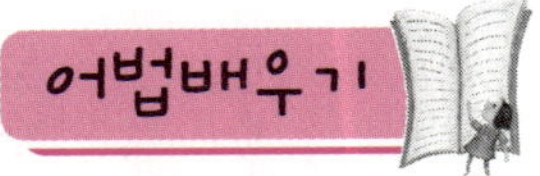

어법배우기

1 존현문(存在句)

[기본 문형]

① 존재

- 墙上挂着一幅地图。 벽에 지도 하나가 걸려 있습니다.
- 屋里坐着几个人。 방안에 몇 사람이 앉아 있습니다.

② 출현

- 公司来了两个新职员。 회사에 신입 사원이 두 명 들어 왔습니다.
- 公路上出现了示威队伍。 도로에 시위대가 나타났습니다.

▷ 公路 도로 | 出现 출현하다 | 示威队伍 시위대

③ 소실

- 我们村里死了一头牛。우리 마을에서 소 한 마리가 죽었어요.
- 书架上少了一本书。책꽂이에 책 한 권이 비네요.

[존재를 나타내는 존현문의 특징]

- 桌子上放着很多书。책상 위에 많은 책이 놓여 있습니다.
- 床上躺着一个人。침대에 한 사람이 누워 있습니다.
  ▷ 躺 눕다
- 操场上站着一些运动员，等着比赛。
  운동장에는 운동선수들이 서서, 시합을 기다리고 있습니다.
  ▷ 操场 운동장 | 站 서다 | 些 조금, 약간 | 运动员 운동선수 | 比赛 시합

[출현·소실을 나타내는 존현문의 특징]

- 不久前，这里发生了一次山火。얼마 전에, 이곳엔 산불이 한 번 났었습니다.
  ▷ '不久前'은 '그리 오래되지 않은 과거에'란 뜻입니다.
- 村里死了一个人。마을에서 한 사람이 죽었습니다.
- 门外进来了两个人。문 밖에서 두 사람이 들어왔습니다.
- 山头上忽然漫起好大的雾。산봉우리에 갑자기 짙은 안개가 피어올랐다.
  ▷ 山头 산봉우리 | 忽然 갑자기 | 漫 넘치다, 가득하다 | 起 (결과보어)~하기 시작하다 | 好 (부사)
  대단히, 상당히 | 雾 안개

[TIP]

- 门口停着一辆汽车。입구에 차 한 대가 세워져 있네요.
  =一辆汽车停在门口。차 한 대가 입구에 세워져 있네요.
  =一辆汽车在门口停着。차 한 대가 입구에 세워져 있네요.

HSK 听力

1 정답 A A：(男) 停车场里停着几辆车？주차장엔 차 몇 대가 서 있나요?
　　　　　B：(女) 停车场里没停着车。주차장엔 차가 없습니다.
　　　　　问：停车场里停着几辆车？주차장에는 몇 대의 차가 서 있습니까?

2 정답 D A：(男) 刚才李娜找你做什么？방금 李娜가 널 왜 찾았니?
　　　　　B：(女) 她借我的自行车去商店买东西。
　　　　　　　　内 자전거 빌려 타고 상점에 물건 사러 갔어.
　　　　　问：李娜找女的做什么？李娜는 여자를 찾아 무엇을 했습니까?

3 정답 D A：(男) 刚才是你报警的吧？방금 당신이 신고하신 거죠?
　　　　　B：(女) 对。我家丢了贵物品。네. 우리 집에서 귀중품이 없어졌습니다.

问: 女的跟谁说话？ 여자는 누구랑 얘기하고 있습니까?

4 정답 C　A: (男) 谁来过这儿？ 누가 여기 왔었니?

　　　　　B: (女) 晚上八点四个客人来过这儿。 저녁 8시에 손님 네 분이 오셨었어.

　　　　　问: 几个客人来过这儿？ 몇 분의 손님이 여기에 왔었습니까?

5 정답 A　A: (男) 桌子上放着汉语书和英文杂志。
　　　　　　　　책상 위에 중국어 책이랑 영어 잡지가 있어.

　　　　　B: (女) 那儿还放着几支笔呢。 거기 펜도 몇 자루 있어.

　　　　　问: 什么东西不在桌子上？ 무엇이 탁자에 있지 않습니까?

HSK 口语

李娜의 방은 깨끗하게 청소되어 있었고, 예쁘게 꾸며져 있었다. 책상 위엔 책이 많이 놓여 있었고, 벽에는 그림 두 폭이 걸려 있었다. 그 그림 두 폭은 볼수록 마음에 들었다. 李娜는 마음에 들면 그것들을 가져가도 좋다고 했다. 나는 너무 좋았다. 잠시 후에 东东과 王明이 베스킨라빈스 아이스크림을 사들고 왔다. 우리는 가위바위보 놀이를 해서 이기는 사람이 먹기로 했는데, 뚱보 东东이 가장 많이 먹었고 나는 아쉬움에 입맛만 다셨다. 아이스크림을 다 먹고 우리는 샤브샤브를 먹으러 갔다.

1 A: 李娜的屋子怎么样？ 李娜의 방은 어떻습니까?
　 B: 李娜的屋子打扫得很干净，布置得很漂亮。
　　　　李娜의 방은 깨끗하게 청소되어 있고, 예쁘게 꾸며져 있습니다.

2 A: 除了说话人以外，谁来了？ 화자를 제외하고. 누가 왔습니까?
　 B: 除了说话人以外，东东和王明来了。 화자를 제외하고, 东东과 王明이 왔습니다.

3 A: 他们玩儿了什么游戏？ 그들은 어떤 놀이를 했습니까?
　 B: 他们玩儿了石头、剪子、布游戏。 그들은 가위바위보 놀이를 했습니다.

4 A: 谁赢得最多？ 누가 가장 많이 이겼습니까?
　 B: 小胖子东东赢得最多。 뚱보 东东이 가장 많이 이겼습니다.

HSK 语法

1 정답 B: 停车场里停着好多名车。 주차장에 많은 명차들이 주차해 있습니다.

2 정답 B: 公司来了两个新职员。 회사에 신입 사원 두 명이 들어왔습니다.

3 정답 C: 两边墙上都挂着山水画。 양쪽 벽에는 모두 산수화가 걸려 있습니다.

4 정답 A: 我没有空儿跟你聊天儿。 난 너랑 얘기할 시간이 없어.

5 정답 B：晚上八点来过一个干部。 저녁 8시에 간부 한 분이 왔습니다.

6 桌子上放着很多汉语书。 책상 위에 중국어 책이 많이 놓여 있습니다.

7 教室里搬出去三把椅子。 교실에서 의자 두 개를 옮겨 갔습니다.

8 公司门口停着一辆黑色的轿车。 회사 입구에 검정색 승용차가 주차해 있습니다.

9 最近他家没来客人。 최근에 그의 집엔 손님이 오지 않았습니다.

10 他家前边又出现了一只熊猫。 그 사람 집 앞에 판다 한 마리가 또 출몰했습니다.

HSK 写作

1 早上走了一个人。

2 墙上挂着一幅地图。

3 书架上少了一本书。

4 村里死了一个人。

5 门口停着一辆汽车。

6 床上躺着一个小孩儿。

7 前边走过来两个人。

8 刚才开过去一辆汽车。

9 我家丢了贵物品。

10 这个本子上没写着名字。

PART 16

你是什么时候到的？

언제 도착하셨는데요?

학습목표
이미 발생한 동작에 대해 그 발생한 '시간'·'지점'·'동작의 방식' 등을 강조
해주는, '是…的' 구문에 대해 알아봅니다.

기본회화

A : 你是什么时候到的？ 언제 도착하신 거예요?

B : 我是前天到的。 저는 그저께 도착했습니다.

▷ '前天' 대신 '一个小时以前', '上星期', '上个月', '去年' 등으로 바꿔 쓸 수 있습니다.

A : 你是怎么去的？ 어떻게 가신 거죠?

▷ 교통수단 등의 '방식'을 묻고 있습니다.

B : 我是坐飞机去的。 저는 비행기로 갔어요.

▷ '坐飞机'를 대신해 '开车 운전해서', '骑摩托车 오토바이 타고', '坐船 배를 타고',
'打的 택시 타고', '走着 걸어서' 등을 활용해 문장을 만들 수 있습니다.

A : 你是在哪儿买的？ 어디서 사신 거죠?

B : 我是在易买得买的。 저는 이마트에서 샀습니다.

▷ '易买得 이마트'를 '家乐福 까르푸', '乐购 하이몰', '农贸市场 재래 시장', '书店 서점', '望京购
物 왕징 쇼핑센터', '街上 길에서' 등과 바꿔 쓸 수도 있습니다.

A : 你们是昨天见的面吗？ 너희들 어제 만난 거야?

B : 我们不是昨天见的面，是今天早上见的面。
우리는 어제 만난 게 아니라, 오늘 아침에 만난 거야.

金小英　你出差回来了？ 출장 갔다 돌아왔어?
　　　▷ '여행에서 돌아왔어요?' 라고 할 때는 '旅行回来了?' 라고 합니다.

李珉　　回来了。 어. 왔어.
　　　▷ 이때는 '了' 부분의 꼬리를 살짝 내려 읽어 줍니다.

金小英　你是什么时候到的？ 언제 도착했는데?

李珉　　是昨天晚上到的。 어젯밤에 도착했어.

金小英　到了家怎么没给我打电话呢？ 집에 도착해서 왜 나한테 전화 안 했어?

李珉　　我凌晨一点才到家，不想打扰你，所以……
　　　　내가 새벽 한 시에 집에 도착해서, 자기 깨우기 싫어서. 그래서…

金小英　那个时候，我还没睡呢。 그 시간엔 나 아직 잠 안자고 있을 땐데…
　　　▷ '那个时候' 는 '那时候' 로 바꿔 쓸 수 있습니다.

李珉　　是吗？来，这个给你。 그랬어? 자, 이거 자기한테 주는 거야.
　　　▷ '来' 는 '이리 와 봐' 가 아니라, '자~', '여기~' 정도로 해석합니다.

金小英　这是什么呀？ 이게 뭐야?

李珉　　我在免税店买的，不知你喜不喜欢。
　　　　내가 면세점에서 산 건데, 좋아할지 모르겠네.

金小英　你给的我怎么能不喜欢呢？ 자기가 주는 건데, 내가 싫어할 리가 있겠어?
　　　▷ '怎么能…呢?' 표는 '어떻게 … 할 수 있겠어?' 라는 뜻으로 '…할 리 없다' 라는 의미를 나타
　　　　냅니다.

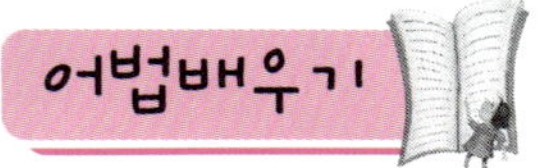

1 '是…的' 강조용법

[기본 문형]

· 她是前天到的。 그녀는 그저께 도착한 것입니다.
· 他是昨天从上海来的。 그는 어제 상하이에서 온 것입니다.
· 你是什么时候来中国的？ (댁은) 언제 중국에 오셨는데요?
· 我是在路上碰到王老师的。 나는 길에서 왕 선생님을 만났다.
　　▷ '碰到' 는 '遇到' 와 바꿔 쓸 수 있습니다. 일부러 약속하지 않고, 우연하게 마주쳤을 때 쓰입니다.
· 他是从美国来的。 그 사람은 미국에서 온 것입니다.
　　▷ '从' 은 '~로부터' 의 의미를 나타냅니다.

- 他们是坐火车去北京的。 그 사람들은 기차를 타고 베이징에 간 것입니다.
- 孟老师是跟他爱人一起来的。 맹 선생님은 부인과 같이 오신 것입니다.

[특징]

① 동사의 목적어가 '명사' 일 때
- 他是在房间里找到的钱包。 그 사람은 방에서 지갑을 찾은 것입니다.
- 我是二零零三年大学毕业的。 저는 2003년도에 대학을 졸업한 것입니다.
- 他们是在公园照的相。 그들은 공원에서 사진을 찍은 것입니다.
  ▷ '照相' 은 이합사이기 때문에, 목적어 '相' 을 '的' 뒤에 놓았습니다.
- 你是在哪儿上的车? 너는 어디서 차 탔는데?
  ▷ '上' 은 '坐' 와 바꿔 쓸 수 있습니다.

② 목적어가 인칭대명사이거나 문장 속에 방향보어가 나올 때
- 我是在学校门口看见他的。 나는 학교 앞에서 그 사람을 본 거예요.
- 我们是去年见他的。 우리는 작년에 그 분을 만났어.
- 小文是上午打电话来的。 Miss 문은 오전에 전화를 한 거예요.

③ '是…的' 구문의 부정형
- 他不是跟他的朋友一起去日本的。 그 사람은 자기 친구랑 같이 일본에 간 게 아니에요.
- 我们不是昨天到的, 是今天到的。 우린 어제 도착한 게 아니라, 오늘 도착한 것입니다.
- 印先生他们不是走着去的, 是开车去的。
  인 선생네는 걸어간 게 아니라, 차를 몰고 간 거예요.

④ 단순하게 '완성' 의 의미만 나타내는 '了' 는 쓰지 않습니다.
- 他们是坐火车去北京的。(○) 그들은 기차를 타고 베이징에 간 겁니다.
- 他们是坐火车去北京了。(×)
- 我是在学校门口遇到他的。(○) 나는 학교 앞에서 그 사람을 우연히 만났습니다.
- 我是在学校门口遇到了他的。(×)

HSK 听力

1 정답 B A : (男) 你是在动物园看的熊猫的吗? 너는 동물원에서 판다 본 거니?

   B : (女) 我在北京动物园看的熊猫。 우리는 베이징 동물원에서 판다를 본 거야.

   问: 女的是在哪儿看的熊猫? 여자는 어디에서 판다를 본 겁니까?

2 정답 B A : (男) 你们怎么去电影院的? 너희들 극장에 어떻게 갔니?

   B : (女) 我们怕坐出租汽车堵车, 所以坐地铁去的。
      우리는 택시 타고 가면 막힐까봐, 지하철을 타고 갔어.

   问: 他们是怎么去电影院的? 그들은 영화관에 어떻게 갔습니까?

3 정답 A A:(男) 你是去年毕业的吧？ 너 작년에 졸업했지?

B:(女) 不，我大学毕业快两年了。 아니야. 나 대학 졸업한 지 벌써 2년 되어 가.

问: 女的是什么时候大学毕业的？ 여자는 언제 대학을 졸업했습니까?

4 정답 B A:(男) 你是什么时候到的？ 너 언제 도착한 거니？

B:(女) 我八点就来了，已经等了你四十分钟了。

8시에 도착했어. 널 40분이나 기다렸어.

问: 现在几点？ 현재 시간은 몇 시입니까?

5 정답 C A:(男) 你是跟你爸爸一起去的吧？ 너 아빠랑 같이 간 거지？

B:(女) 不，爸爸是前天先去那儿的，我妈妈跟我一起去的。

아니, 아빠는 엊그제 거기에 먼저 가시고, 엄마가 나랑 같이 가신 거야.

问: 谁跟女的一起去的？ 누가 여자와 함께 갔습니까?

점심을 먹고, 잠깐 쉬면서 차를 마시는 것은 마음을 편하게 합니다. 나는 용정차, 우롱차, 홍차, 국화차, 그리고 팔보차 등을 가지고 있습니다. 이것은 모두 내가 중국에서 가지고 온 것입니다. 나는 중국차를 좋아하고 커피를 별로 좋아하지 않아, 매번 중국 출장을 갈 때마다 중국차를 사 가지고 옵니다. 지난번에 항저우에 가서는 용정차를 사 가지고 왔습니다. 지금은 내 친구들도 중국차를 좋아합니다. 그들은 내게 전염된 것이라고 합니다. 오늘 우리는 모이기로 했는데, 저녁에 내 중국 친구 美美가 보이차를 맛보게 해 주기로 했습니다.

1 A:说话人喜欢喝什么茶？ 화자는 무슨 차 마시는 것을 좋아합니까?

B:说话人喜欢喝中国茶。 화자는 중국차 마시는 것을 좋아합니다.

2 A:现在说话人有什么茶？ 지금 화자는 무슨 차를 가지고 있습니까?

B:现在说话人有龙井茶、乌龙茶、红茶、菊花茶、还有八宝茶。

지금 화자는 용정차, 우롱차, 홍차, 국화차, 그리고 팔보차를 가지고 있습니다.

3 A:说话人去杭州出差的时候带什么来了？

화자는 항저우 출장 때 무엇을 가져왔습니까?

B:说话人去杭州出差的时候带了龙井茶来。

화자는 항저우 출장 때 우롱차를 가져왔습니다.

4 A:他们今天为什么聚会？ 그들은 오늘 왜 모이는 것입니까?

B:他们要品尝普洱茶。 그들은 보이차를 맛보기로 했습니다.

1 정답 C ： 他是一个人来的。그는 혼자 왔습니다.
2 정답 A ： 他是去年大学毕业的。그는 작년에 대학을 졸업했습니다.
3 정답 D ： 我在学校门口见到他的。나는 학교 입구에서 그를 만났습니다.
4 정답 D ： 你是什么时候去北京出差的？너 언제 베이징으로 출장 갔니?
5 정답 A ： 我不是今天早上到韩国的。나는 오늘 아침에 한국에 도착한 것이 아닙니다.
6 我是在易买得买的。나는 이마트에서 샀습니다.
7 我朋友是去年去中国的。내 친구는 작년에 중국에 갔다.
8 人家已经不是小孩儿了。난 이미 아이가 아니라구요.
9 你们是怎么去的？너희들 어떻게 갔었니?
10 我是在路上碰到王老师的。나는 길에서 왕 선생님을 만났다.

1 我是前天到的。
2 我们不是昨天见面的，是今天早上见面的。
3 你是什么时候到的？
4 他是昨天从上海来的。
5 他们是坐火车去北京的。
6 他们(是)在公园照的相。
7 我(是)在学校门口看见她的。
8 我们不是在电影院看的电影，是在我家看的。
9 我们在北京动物园看熊猫的。
10 他是在图书馆学习的。

중국어 학습의 가장 정확하고 빠른 '지름길'이 여기 있습니다!

중국어와 친구 되기를 희망하는 여러분을 진심으로 환영합니다.
중국어 첫 수업, 마치 첫 데이트를 하던 때와 비슷한 가슴 벅참과 설렘이 느껴지던 순간이었습니다.

이제부터 배워갈 중국어는 순간순간 여러분에게 주는 희열도 만만치 않겠지만, 때론 여러분을 속상하게 할지도 모릅니다. 저도 예전엔 맘 고생 많이 했거든요. 그래서 "에라 모르겠다!" 하고 포기하려고도 했었습니다. 그·러·나 그 동안 공부했던 시간과 학원비로 날린 돈이 아까워 오기로 버티다 보니 어느새 중국어가 없으면 숨을 쉬어도 살아 있는 것이 아니요, 밥을 먹어도 배가 부르지 않는 중국어 중독자가 되고 말았습니다.

여러분도 이 교재를 만난 이상 '저' 처럼 그렇게 되실 거라고 믿습니다. 이 책에는 말이죠, '저' 의 중국어 사랑이 듬뿍 담겨 있습니다. 세상의 모든 부모님은 이렇게 말씀하십니다. '내 새끼만큼은 고생시키고 싶지 않아요.' 저 역시 저의 중국어 후배이신 여러분들은 제가 했던 고생을 안 했으면 하는 마음에서, 그 옛날의 시행착오를 거울 삼아 이 책 구석구석을 채웠습니다.

어떻게 채웠는지 말해달라고요? 여러분께서 만약 열정과 좌절 사이를 넘나들며 〈Happy Chinese 중국어교실〉 시리즈를 모두 끝내신다면 어느새 중국어 실력이 몰라보게 향상된 자신을 발견하게 될 것입니다.

어학에는 '왕도' 란 없습니다. 그러나 어떤 방법을 택하느냐에 따라 '지름길' 은 찾을 수 있습니다. 여러분은 이 책에서 중국어 학습의 '지름길' 을 발견하실 수 있으리라 믿습니다. 이제 중국어를 시작하는 여러분에게 '중국어 학습의 든든한 동반자' 가 되겠습니다.

모쪼록 중국어와 마음이 '통(通)' 해 끝까지 함께 하는 여러분이 되셨으면 하는 마음입니다.

2007년 한민이

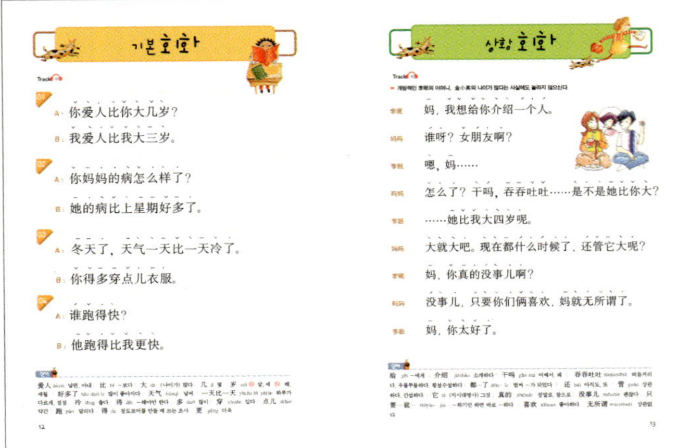

기본회화

이번 과에서 배울 회화와 어법을 간단한 회화로 맛을 봅니다. 단문으로 외우지 말고 꼭 A,B 짝으로 외우세요.

상황회화

다섯 명의 주인공들이 펼치는 드라마 스토리. 학교에서 벌어지는 일들과 회사 생활에서 벌어지는 일들이 한 편의 드라마로 펼쳐집니다. 자~ 우리 주변에서 일어나는 일들을 중국어로 어떻게 표현하는지 코믹한 삽화와 함께 드라마로 감상해 볼까요? 화화는 꼭 소리내어 5번씩 읽으세요. 어법까지 해결됩니다.

Chinese Dictionary

테마별로 중국어 단어를 모았어요. 앞으로 배울 과에서 필요한 내용들이니 주의해서 보세요~

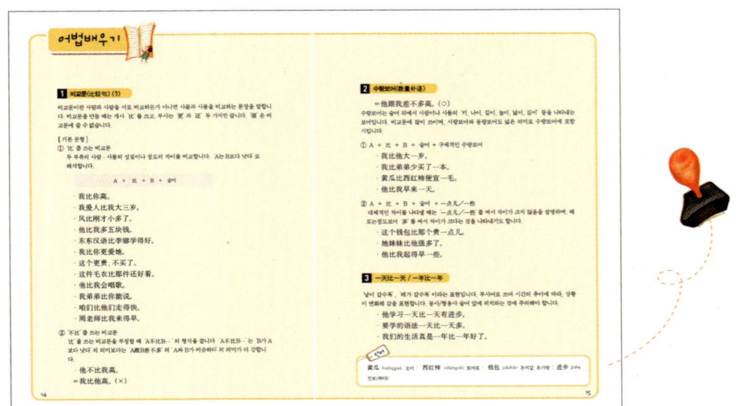

어법배우기

회화 속에 숨어 있는 어법들을 하나하나 쏙쏙 파헤쳐 볼까요?
체계적인 설명과 풍부한 예문으로 중국어의 기초를 다지세요~!

HSK 유형의 연습 문제로 복습 시작!

자 ~ 앞에서 배운 기본회화와 상황회화, 그리고 어법을 가지고 본격적인 확인학습으로 들어 갈까요?

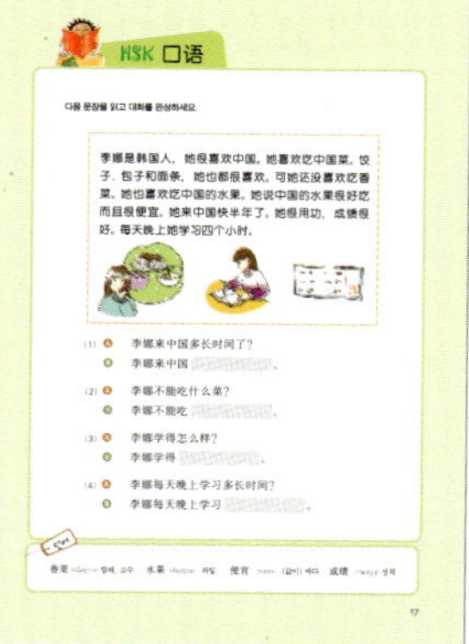

EXERCISE 듣기

듣기 문제입니다. 녹음을 잘 듣고 물음에 답해 보세요. 책을 보고 이해하는 것과 귀로만 듣는 중국어는 차원이 다릅니다. 절대~ 컨닝하지 마세요!

EXERCISE 말하기

말하기 문제입니다. 앞에서 배웠던 회화인데 입으로 떨어지지 않는다구요? 반복 연습!!! 이미 다 배운 내용이니 겁먹지 마세요~!

EXERCISE 어법

어법 문제입니다. 주로 〈어법배우기〉에서 다뤘던 내용이나 수업 중에 선생님이 강조하셨던 내용을 위주로 공부하면 어법은 그리 어렵지 않답니다.

EXERCISE 쓰기

앞에서 배웠던 내용을 쓰기로 총체적으로 점검합니다. 보고 쓰고를 되풀이 해도 아련한 기억속의 그대처럼 어렴풋하니 틀린 문제는 읽고 쓰고를 여러 번써 반복하세요!

Travel in Hongkong & Macau & Yunnan

여행을 떠나요~~~

홍콩과 마카오, 윈난의 볼거리, 먹거리, 쇼핑 명소 등 도시의 구석구석을 찾아가 봅니다.
가보지 않아도 중국이 한눈에 쏙!!!

차례

차례

주인공 프로필

이민

대학을 졸업하고 대기업에 우수한 성적으로 입사한 인재. 두뇌는 명석하고 예의가 바르지만 가끔 눈치가 없다. 제대로 된 연애도 한 번 못해 본 바른생활 사나이...

김소영

기획실에서 근무하는 커리어우먼. 당차고 활발하나 지나치게 솔직해 가끔 상대방을 무안하게 한다. 신입사원 이민에게 첫눈에 반해 대시하려 하는데...음~ 이민보다 나이가 많다.

왕명

화교지만 중국어를 잘 못하는 바람의 사나이 왕명. 거래처 직원으로 앞으로 이민, 김소영과 함께 일을 한다.

이나

이민의 여동생. 21살의 발랄한 대학생이다. 철부지 막내로 패션과 여행에는 관심이 많으나 공부에는 관심이 없다.

동동

이나와는 둘도 없는 소꿉친구. 키가 작고 뚱뚱해 둔해 보이지만 알고 보면 귀여운 남자!!!

我学了一年汉语了。

나는 중국어를 1년째 배우고 있습니다.

학습목표

1 친구를 기다린다거나 외국어를 배울 때처럼, 우리가 어떠한 동작을 하는 데 걸린 시간이나 어떠한 상태가 지속된 시간을 나타내는 '시량보어(时量补语)'에 대해 알아봅니다.
2 중국어에서 많이 쓰는 부사 '才'와 '就'에 대해 알아봅니다.

기본회화

01

A: 你学了多长时间汉语？

B: 我学了一年汉语。

02

A: 你怎么现在才来？我等了你三个小时了。

B: 不好意思！让你久等了。

03

A: 累了？那你先休息一会儿吧。

B: 好的。

04

A: 每天你看几个小时电视？

B: 每天我看一个小时电视。

단어

一年 yìnián 1년 | 现在 xiànzài 지금 | 才 cái 비로소 | 等 děng 기다리다 | 小时 xiǎoshí 시간 |
不好意思 bùhǎoyìsi 미안하다 | 让 ràng ～로 하여금 ～하게 하다 | 久 jiǔ 오래 | 先 xiān 먼저 |
休息 xiūxi 휴식하다, 쉬다 | 每天 měitiān 매일

Track 02

➡ 공부하기 싫어하는 李娜가 东东을 따라 중국어를 배우기 시작한 지 3개월, 어느덧 중국어 팬(汉语迷)이 되어 버렸는데…

东东 你怎么才来？我们等了你一个半小时了。

李娜 不好意思！让你们久等了。

同学 听说你们俩学汉语，是吗？

李娜 嗯。我学了三个月了。

东东 我学了半年了。

同学 汉语难不难？

东东 还可以吧。

李娜 我觉得汉语有点儿难，可是很有意思。

同学 不管你们怎么说，我还是想学。

李娜 那明天你也去报名吧。

半 bàn 반 ｜ 听说 tīngshuō 듣자 하니 ｜ 难 nán 어렵다 ｜ 还可以 háikěyǐ 그럭저럭 ｜ 吧 ba ~인 것 같다 ｜ 可是 kěshì 그러나 ｜ 有意思 yǒuyìsi 재미있다 ｜ 不管…还是… bùguǎn…háishì… ~에 상관없이 ～하려고 하다 ｜ 报名 bàomíng 등록하다, 신청하다

1 시량보어(时量补语) (1)

시량보어란 어떠한 동작을 하는 데 걸린 시간이나 어떠한 상태가 지속된 시간을 말합니다.
예를 들면, 중국어를 배운 시간, 애인을 기다린 시간 등을 말할 때 쓰입니다.

[긍정형]
① 과거의 어느 시점에 '~했었다' 라고 할 경우
  · 我看了一个小时。
  · 我看了两个小时杂志。
  · 他睡觉睡了半个小时。
  · 我等了半天韩老师。
  · 我等了你半天。

② 어떠한 동작을 과거의 어느 시점에서부터 지금 현재까지 계속해 오고 있는 경우
  : '~(시간)째 ~하고 있다' 라고 해석합니다.
  · 她哭了两个小时了。
  · 李娜学了一年汉语了。
  · 小李等了你十年了。

③ 시량보어를 쓰는 문장에 부사어가 나오는 경우: 술어 동사 앞에 위치합니다.
  · 他在上海住了三年。
  · 昨天我游泳只游了半个小时。
  · 我妹妹学英语刚学三个星期。
  · 她学韩语要学一年。

④ 시량보어를 묻는 의문문인 경우: '多长时间' 을 씁니다.
  · A   ：你学汉语学了多长时间了？
    A-1 ：你学了多长时间(的)汉语了？
    B   ：我学了半年了。

B-1 : 我学了半年(的)汉语了。

· A : 从首尔到北京坐飞机要多长时间?
  B : 从首尔到北京坐飞机要两个钟头。

2 부사 才，就

'才'는 동작이 방금 발생했거나, 동작의 발생이 예상보다 늦어져 예상만큼 순조롭게 진행되지 않았을 때 쓰는 표현입니다. '就'는 동작의 발생이 아주 짧은 시간 내에 이루어졌거나, 예상보다 빠르고, 순조롭게 진행되었을 때 쓰는 표현입니다. 보통 '就…了'로 많이 씁니다.

① 才 : 화자가 보기에 시간이 늦고, 시간이 길고(오래 걸리고), 나이가 많고, 수량이 많은 것을 표현합니다.
  · 三点半开会，四点半他才来。
  · 你怎么才来?
  · 五岁才会说话呢。
  · 都三十八岁了，才结婚。

② 就 : 화자가 보기에 시간이 이르고, 시간이 짧고, 나이가 적고, 수량이 적은 것을 표현합니다.
  · 九点上课，八点他就来了。
  · 他昨天就走了。
  · 六岁的时候，他娘就死了。

단어

杂志 zázhì 잡지 ｜ 睡觉 shuìjiào 자다 ｜ 哭 kū 울다 ｜ 韩语 Hányǔ 한국어 ｜ 钟头 zhōngtóu 시간 ｜ 开会 kāihuì 회의를 열다 ｜ 结婚 jiéhūn 결혼 ｜ 娘 niáng 어머니

Track 03

두 사람의 대화를 듣고 질문에 맞는 답을 찾으세요.

1 Ⓐ   Ⓑ

A 两个月　　　B 一个月
C 三个月　　　D 四个月

2 Ⓐ   Ⓑ

A 三个小时　　B 半个小时　　C 一个半小时　　D 两个小时

3 Ⓐ   Ⓑ

A 首尔　　　B 上海
C 北京　　　D 东京

4 Ⓐ   Ⓑ

A 三个小时　　B 半个小时
C 五十分钟　　D 一个小时

5 Ⓐ   Ⓑ

A 说得很好　　　B 听得很好
C 说得不太好　　D 做得不太好

다음 문장을 읽고 대화를 완성하세요.

李娜是韩国人，她很喜欢中国。她喜欢吃中国菜。饺子、包子和面条，她也都很喜欢。可她还没喜欢吃香菜。她也喜欢吃中国的水果。她说中国的水果很好吃而且很便宜。她来中国快半年了。她很用功，成绩很好。每天晚上她学习四个小时。

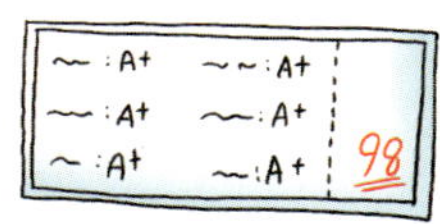

(1) Ⓐ 李娜来中国多长时间了？

   Ⓑ 李娜来中国 ＿＿＿＿＿＿＿＿。

(2) Ⓐ 李娜不能吃什么菜？

   Ⓑ 李娜不能吃 ＿＿＿＿＿＿。

(3) Ⓐ 李娜学得怎么样？

   Ⓑ 李娜学得 ＿＿＿＿＿。

(4) Ⓐ 李娜每天晚上学习多长时间？

   Ⓑ 李娜每天晚上学习 ＿＿＿＿＿。

단어

香菜 xiāngcài 향채, 고수 | 水果 shuǐguǒ 과일 | 便宜 piányi (값이) 싸다 | 成绩 chéngjì 성적

다음 단어에 맞는 자리를 찾아 주세요.

(1) 就

　　九点开会，　A　八点　B　他　C　来　D　了。

(2) 了

　　我　A　等　B　你　C　等　D　两个钟头。

(3) 要

　　从　A　首尔　B　到北京　C　坐飞机　D　多长时间？

(4) 快

　　A　我　B　来　C　中国　D　半年了。

다음 보기에서 알맞은 단어를 골라 빈칸에 넣으세요.

才　　　就

(5) 你怎么 ＿＿＿ 来？

(6) 八点上课，七点他 ＿＿＿ 来了。

(7) 五岁 ＿＿＿ 会说话呢。

(8) 六岁的时候，他妈 ＿＿＿ 死了。

다음을 중국어로 써 보세요.

1 东东은 음악을 들은 지 겨우 30분 됐습니다. (刚 / 钟头)

2 나는 당신을 한참이나 기다렸습니다. (等 / 半天)

3 나는 베이징에서 3년 넘게 살고 있습니다. (住)

4 李珉은 중국어를 1년째 배우고 있습니다.

5 그녀는 한국어를 1년 동안 배우려 합니다. (要)

6 그 사람 어제 벌써 갔습니다. (就)

7 그는 다섯 살에야 말을 하게 됐습니다. (才)

8 그 사람 널 얼마나 기다린 거니?

钟头 zhōngtóu 시간 | 半天 bàntiān 한나절 | 说话 shuōhuà 말을 하다

귀가하기

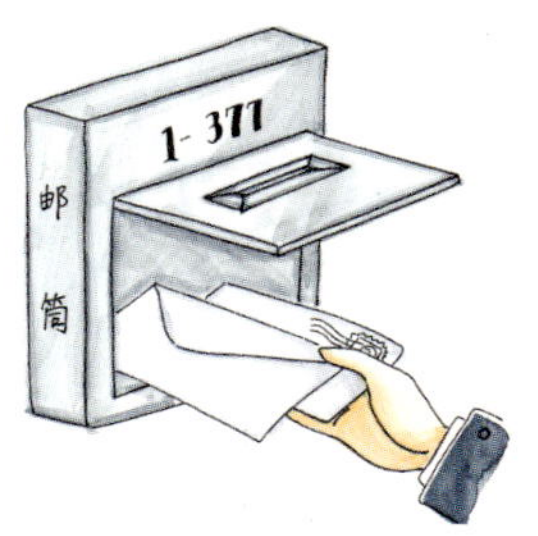

信箱 xìnxiāng
우편함

钥匙 yàoshi
열쇠

脱鞋 tuō xié
신발을 벗다

拖鞋 tuōxié
슬리퍼

外套 wàitào
외투

客厅 kètīng
거실

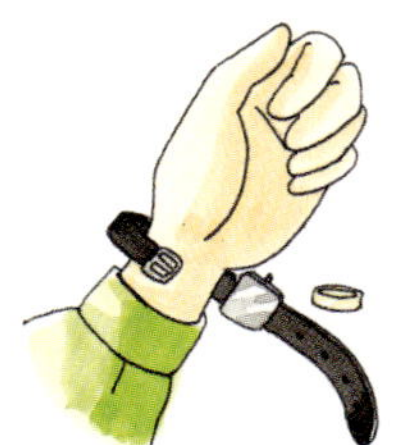

摘手表 zhāi shǒubiǎo
시계를 풀다

PART 02

你们是不是吵架了?

당신들 싸웠습니까?

학습목표

1 어떤 동작이 완료된 시점부터 시간을 계산해 나가는 비지속성 동사(结束性动词)로 시간보어를 표현하는 방법을 알아봅니다.
2 일상회화에서 많이 쓰는 시량보어의 특수한 표현에 대해 알아봅니다.

기본 회화

Track 05

01

A : 你大学毕业几年了？

B : 我大学毕业快五年了。

02

A : 你们结婚多长时间了？

B : 我们结婚一年半了。

03

A : 他几天没回家？

B : 他三天没回家。

04

A : 你们公司每年春节放几天假？

B : 我们公司每年春节放十天假。

단어

大学 dàxué 대학 | 毕业 bìyè 졸업하다 | 快…了 kuài…le 곧 ～하려고 하다 | 每年 měinián 매년 | 春节 chūnjié 설 | 放假 fàngjià 방학하다, 휴가 주다

22

상황 회화

▶ 주말 오후… 집에서 꼼짝 않고 있는 李珉을 李娜가 놀리는데…

李娜　哥，你不去见小英姐呀？你们是不是吵架了？

李珉　吵什么架？我们从来没吵过架。

李娜　是吗？不会吧。

李珉　你这个小丫头走开… 别烦我了。

李娜　哥，如果你们俩结婚，像我爸妈那样恩恩爱爱就好了。

李珉　啊，对了！爸爸妈妈结婚快三十年了吧？

李娜　后天不是他们的结婚纪念日吗？

李珉　我们应该给他们送点儿礼物。

李娜　那我们俩明天下午去买，怎么样？

李珉　好的。好的。

단어

吵架 chǎojià 말다툼하다 ｜ 不会吧 búhuì ba 그럴 리가 ｜ 小丫头 xiǎo yātóu 계집애 ｜ 走开 zǒukāi 비켜요 (开는 결과보어) ｜ 别…了 bié …le ~하지 말아요 ｜ 烦 fán 귀찮다, 번거롭다 ｜ 如果 rúguǒ 만약 ｜ 像 xiàng ~처럼 ｜ 那样 nàyàng 그렇게 ｜ 恩爱 ēn'ài 사이(금슬)가 좋다 ｜ 纪念日 jìniànrì 기념일 ｜ 应该 yīnggāi 마땅히 ~해야 한다 ｜ 送 sòng 보내다, 주다 ｜ 礼物 lǐwù 선물

1 시량보어(时量补语) (2)와 비지속성 동사

우리말에 "그 사람 여기 온 지…", "우리 형은 대학 졸업한 지…", "김 과장은 결혼한 지…" 처럼, 어떤 일이 발생하면 그때부터 시간을 계산해 나가는 표현이 있는데, 이런 표현에 들어가는 동사를 중국어에서는 비지속성 동사[结束性动词]라고 부릅니다. 시량보어를 쓰는 문장에서 비지속성 동사 뒤에 목적어가 동반될 때는 '了'를 붙이지 않습니다. 비지속성 동사와 시량보어가 만나면 해석은 "~한 지 얼마나 되었다"라고 합니다.

[기본 문형]
- 他来(了)一个月了。
- 她死(了)三年了。
- 我来北京一年多了。
- 小李离开这个城市很长时间了。
- 已经下课三刻钟了，教室里没有人了。

[비지속성 동사 + 부사어 + 시량보어]
- 他大学毕业快三年了。
- 他们结婚将近五年了。
- 我爸爸已经起床半个小时了。

2 시량보어의 특수 형태

① 습관적이고 규칙적인 동작을 표현할 때는 시량보어를 쓰는 문장에 동태조사 '了'를 쓰지 않습니다.
- 他每天睡五个小时。
- 我每天晚上写一个小时日记。
- 他们公司每年春节放十五天假。
- 吃午饭后他常常弹半个小时吉他。

② '얼마간의 특정 시간 동안 이런 일이 있었다' 라는 설명처럼 어떤 시간 동안에 발생했던
   일이나, 존재했던 상황에 대해 설명할 때는 동사 술어 앞에 시량보어를 써줍니다. 상황
   설명을 할 때는 시량보어의 위치가 달라집니다.
   · 他一个月写了一本书。
   · 她三天没回家。
   · 前天晚上我妈妈一夜没睡。
   · 他已经五天没吃饭，没笑。

[TIP]
시간사가 부사어로 쓰일 때와 시량보어로 쓰일 때의 차이
: 시간사가 부사어로 쓰일 때는 단순히 '언제' 라는 시간 개념만 나타내지만, 시량보어로
쓰이면 어떤 동작을 하는 데 걸린 구체적인 '얼마 동안의 시간' 을 나타냅니다.
   · 我们八点看电影，怎么样？　　(부사어: 언제? 8시에)
   · 今天晚上七点在老地方见吧！　　(부사어: 언제? 밤 7시에)
   · 昨天晚上我睡了八个小时。　　(시량보어: 얼마 동안? 8시간 동안)
   · 我等了你三个钟头了。　　(시량보어: 얼마 동안? 3시간 동안)

단어

离开 líkāi 떠나다 ｜ 三刻 sānkè 45분 ｜ 放假 fàngjià 방학하다, 휴가로 쉬다 ｜ 弹 tán
(악기를) 켜다, 연주하다 ｜ 吉他 jítā 기타

Track 07

두 사람의 대화를 듣고 질문에 맞는 답을 찾으세요.

1 Ⓐ   Ⓑ

A 两年了   B 不到两年
C 两年多了   D 两年半

2 Ⓐ   Ⓑ

A 觉得男的不累   B 这是应该的
C 觉得男的很累   D 白天多睡

3 Ⓐ   Ⓑ

A 一本书   B 两本书   C 三本书   D 四本书

4 Ⓐ   Ⓑ

A 睡觉   B 休息
C 谈话   D 弹吉他

5 Ⓐ   Ⓑ

A 我已经结婚了   B 他结婚了
C 你结婚了吧   D 我还没结婚

다음 문장을 읽고 대화를 완성하세요.

这是我朋友东东。我们在北京大学学习。他是英文系，我是学汉语的。我爸爸和他爸爸也是朋友。我和东东都喜欢去看电影。星期六我们一起去看电影，或者去游泳。他游得很好，能游二百米。晚上我们常常去他家吃晚饭。他妈做的菜很好吃。我特别喜欢吃他妈做的中国菜。

(1) Ⓐ 他们在哪儿学习？

Ⓑ 他们在 ＿＿＿＿＿＿＿＿。

(2) Ⓐ 他们俩都喜欢做什么？

Ⓑ 他们俩都喜欢 ＿＿＿＿＿＿＿。

(3) Ⓐ 他们俩的爸爸是什么关系？

Ⓑ ＿＿＿＿＿＿＿＿＿＿。

(4) Ⓐ 谁游得好？

Ⓑ ＿＿＿＿＿＿ 很好。

朋友 péngyou 친구 ｜ 英文系 yīngwénxì 영문과 ｜ 特别 tèbié 특히, 특별히

다음 단어에 맞는 자리를 찾아 주세요.

(1) 多

　　我　A　来　B　北京　C　一年　D　了。

(2) 一个月

　　A　他　B　写　C　了　D　一本书。

(3) 没

　　A　他　B　三天　C　回　D　家。

(4) 只

　　A　睡　B　四个小时，白天　C　不　D　累吗？

다음 보기에서 알맞은 단어를 골라 빈칸에 넣으세요.

结婚　　　没回家　　　下课　　　离开

(5) 他们 ＿＿＿＿ 将近三年了。

(6) 他 ＿＿＿＿ 这个城市很长时间了。

(7) 已经 ＿＿＿＿ 三刻钟了，教室里没有人了。

(8) 他几天 ＿＿＿＿ ？

다음을 중국어로 써 보세요.

1 당신들 싸웠습니까? (吵架)

2 두 분 결혼한 지 얼마나 되었어요? (多长时间)

3 나는 대학 졸업한 지 5년째 되어갑니다. (快~了)

4 그녀가 죽은 지 3년이 되었습니다. (死)

5 수업 끝난 지 한 시간 되었지? (有)

6 그가 온 지 한 달이 되었습니다. (来)

7 그저께 밤에 우리 엄마는 밤새 한숨도 못 주무셨습니다. (一夜)

8 나는 매일 밤 한 시간 동안 일기를 씁니다. (日记)

吵架 chǎojià 다투다 ｜ 一夜 yíyè 밤새 ｜ 日记 rìjì 일기

홍콩은 어떤 곳일까?

홍콩은 중국 남부에 위치해 있으며, 홍콩섬(香港島), 구룡반도 (九龙半岛), 신계(新界, New Territories) 본토 및 란타우섬 (大屿山)의 4부분으로 이루어져 있다. 주요 번화가는 빅토리아만 양 기슭의 홍콩섬 북부와 구룡반도 남부에 집중되어 있다. 홍콩 은 전세계에 유명한 자유무역항으로서 경제와 교통이 발달하였 으며, '쇼핑의 천국'과 '음식의 도시'라는 명성을 지니고 있다. 센트럴(中环) 일대에 빽빽이 들어선 현대식 빌딩들은 국제 금융 의 중심이자 무역의 중심, 정보의 중심, 항공 운송의 중추인 홍 콩을 상징한다. 또한 오랜 세월 동안 영국의 지배를 받았던 역사

▲ 센트럴

적 배경으로 인해 중 국과 영국이 뒤섞인 독특한 분위기를 갖게 되었다. 빅토리아 피크, 오션파크 등지가 홍콩의 주요 관광 명소이며, 교외에 흩어져 있는 공원들의 청아한 정취도 일품이다.

홍콩 여행은 계절에 구애받지 않지만 9월 중순에서 2월 말까지가 여행하기에 가장 적당하며, 아열대성 기후로 기후 변화가 잦으니 여름에도 가벼운 겉옷을 준비하는 것이 좋다.

▲ 나단 로드의 밤풍경

홍콩의 볼거리

홍콩 야경과 '심포니 오브 라이트' 쇼

홍콩의 거리는 대낮에도 고층 빌딩이 삐죽삐죽 솟은 것이 재미있지 만, 밤이 되면 울긋불긋한 네온사인이 화려하기 이를 데 없어 눈을 뗄 수 없을 지경이다. 홍콩의 야경을 감상하기에 가장 좋은 곳으로 는 빅토리아 피크와 침사추이의 해변가를 꼽을 수 있다. 특히 침 사추이의 '연인의 거리'에서는 매일 저녁 8시 '심포니 오브 라이트' 쇼를 볼 수 있어서 관광객들의 필수 코스가 되었다. 이 시간에는 침사추이 맞은편의 홍콩섬 빌딩들이 음악과 함 께 색색의 조명을 번쩍이며 화려한 쇼를 펼친다.

▲ 심포니 오브 라이트

빅토리아 피크 (太平山顶, Victoria Peak)

▲ 피크타워

빅토리아 피크는 홍콩섬 북부에 위치한 해발 554m의 산으로 홍콩의 전경을 내려다볼 수 있는 최고의 장소로 꼽힌다. 특히 밤에 올라가면 세계적으로 유명한 홍콩의 야경이 한눈에 들어오는데, 빅토리아만 양 기슭의 불빛이 휘황찬란하게 빛나는 모습은 마치 보석을 뿌려 놓은 듯 아름답기 그지없다.

관광객은 산기슭의 가든 로드(花园道, Garden Rd.)에 있는 피크트램 정류장에서 피크트램을 타고 산에 오를 수 있다. 피크트램이란 빅토리아 피크를 오르내리는 일종의 케이블카인데, 산 정상까지 일직선으로 올라가는 이 피크트램은 스릴도 있고, 눈앞에서 멀어져 가며 펼쳐지는 홍콩의 전경을 천천히 감상할 수 있는 독특한 교통 수단이다.

▲ 마담 투소 박물관 의 밀랍인형

빅토리아 피크 꼭대기에는 홍콩을 상징하는 건물 중 하나인 피크타워가 있으며, 그 옆에는 유명인들을 똑같이 본떠 만든 밀랍인형이 전시된 마담 투소 박물관이 있다. 마담 투소 박물관에서 자기가 아는 유명한 연예인이나 정치인의 밀랍인형을 찾아서 함께 기념 사진을 찍는 것은 인기 있는 코스다.

리펄스 베이 (浅水湾, Repulse Bay)

홍콩에서 가장 유명한 해변으로, 도심에서 멀지 않은 곳에 위치해 있다. 넓은 모래사장과 파도 치는 해변으로 홍콩 사람들과 여행객들에게 모두 인기 있는 곳이며 해변을 거닐 수 있는 가장 좋은 곳이기도 하다. 아침에 해가 뜨면 일광욕을 즐기는 사람들이 모여든다. 조성모의 "슬픈 영혼식" 뮤직 비디오의 배경으로 더욱 유명해진 곳이기도 하다.

모래사장 위의 천후묘 앞에는 10m 높이의 천후상과 관음상이 서 있다. 해변 위로는 고급 아파트와 주택들이 들어서 있는데, 이 중에서 가운데 구멍이 뚫린 물결 모양의 호화 아파트에 영화배우 유덕화가 살았다고 한다.

▲ 천후상

음식만들기

蔬菜　shūcài
야채

切菜　qiē cài
야채를 썰다

焯　chāo
데치다

剁　duò
다지다

配料　pèiliào
양념

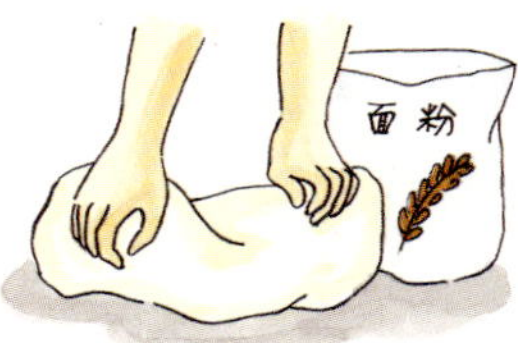

和　huó
반죽하다

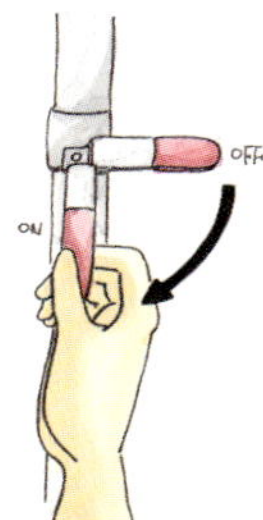

煤气　méiqì
가스

水开了　shuǐ kāi le
물이 끓다

你们考完了吗?

너네 시험 끝났니?

학습목표

1 동작에 어떤 결과가 있는지를 표현해주는 결과보어(结果补语)에 대해 알아봅니다.
2 '까마귀 날자 배 떨어진다' 라는 속담과 같이, 어떤 동작이 앞의 동작에 이어 바로 발생함을 나타내는 '一…就…' 용법에 대해 알아봅니다.

기본회화

01

A : 吃完晚饭去喝一杯，怎么样？

B : 好啊，你在QQ酒吧等我吧。

02

A : 找到工作了吗？

B : 没有，我正在找呢。

03

A : 你们听懂了没有？

B : 听懂了。

04

A : 你们是一见钟情吧？

B : 对！我一见到她就爱上她了。

단어

完 wán 다하다, 다 쓰다 ｜ 杯 bēi 컵, 잔 ｜ 酒吧 jiǔbā 바(bar) ｜ 工作 gōngzuò 일, 직업 ｜ 找 zhǎo
❶ 찾다 ❷ 거슬러주다 ｜ 到 dào ~에 이르다, ~에 미치다 ｜ 正在…呢 zhèngzài… ne 한창 ~하는 중이다
｜ 懂 dǒng 이해하다, 알다 ｜ 一见钟情 yíjiànzhōngqíng 첫눈에 반하다 (=一见倾心 yíjiànqīngxīn) ｜
上 shàng (결과보어)동작·행위가 시작되어 지속됨을 나타냄

Track **10**

➡️ 하교 길 오랜만에 李娜가 시험 때문에 초췌해진 东东을 만났다.

李娜	东东，你们考完了吗？
东东	上星期五考完了，你们呢？
李娜	还没考完。期中考试考得怎么样？
东东	别提了，考砸了。
李娜	怎么了？
东东	考试前我的肠炎又犯了，没好好儿准备。
李娜	没事儿。还有期末考试呢。
东东	你呢？考得好啊？
李娜	我才不是书呆子呢，这个你也知道嘛。
东东	哈哈。你也真是的。

 **단어**

考 kǎo 시험보다 ｜ 期中考试 qīzhōngkǎoshì 중간고사 ｜ 提 tí 제기하다, (말을) 꺼내다 ｜ 砸 zá ❶ (무거운 것으로) 치다 ❷ 실패하다 ｜ 肠炎 chángyán 장염 ｜ 又 yòu 또 ｜ 犯 fàn 범하다, 발생하다 ｜ 好好儿 hǎohāor 잘, 열심히, 푹 ｜ 准备 zhǔnbèi 준비하다 ｜ 没事儿 méishìr 괜찮아 ｜ 期末考试 qīmòkǎoshì 기말고사 ｜ 才 cái (강조용법) ~야말로 ｜ 书呆子 shūdāizi 책벌레 ｜ 真是 zhēnshi 정말, 참

1 결과보어(结果补语)(1)

결과보어란 술어 뒤에 쓰여 동작이 어떠한 결과에 처해 있는지를 보충해주는 보어입니다.
주로 동사와 형용사가 결과보어로 쓰입니다.

[기본 문형]
- 我听懂你的话了。
- 我妈妈做完晚饭了。
- 坐在前面的是吴老师。
- 你要的那本书我买到了。
- 星期天我吃完早饭就去看朋友。

[부정형]
결과보어를 쓰는 문장의 부정형은 앞에 부정부사 '没(有)'를 쓰지만, 간혹 '不'를 쓰기도
합니다.
- 我们没买到火车票。
- 我还没(有)做完呢。
- 我昨天一天没看见他。
- 电影里的人说得很快，我没听懂。

[의문형]
- A ：孟科长要的机票，你买到了吗?
  B-1 ：我已经买到了。
  B-2 ：没买到。
- A ：你洗完澡了没有?
  B-1 ：洗完了。
  B-2 ：没有。

[TIP]
결과보어를 묻는 반복의문문에서는 보통 첫 번째 결과보어를 생략합니다.
- 看没看完?
- 听没听懂?

2　一… 就…

① 우리 속담 중에 '까마귀 날자 배 떨어지다' 처럼 두 가지 동작이 바로 이어서 발생함을 나타냅니다.

- 我一见她就爱上了。
- 他一看我跟别人在一起就生气了。
- 李娜一吃完饭就走了。

② "이 녀석은 술만 취하면 울어" 라고 표현하고 싶을 때도, '一…就…' 용법을 써서, '~하기만 하면~하더라' 의 의미를 나타냅니다.

- 他一生气就不说。
- 小朴一喝醉就哭。
- 我听见他的声音就觉得很舒服。
- 他一和女孩子说话，脸就红。
- 你一打，他就跑。

3　先… (然后)再…

먼저 어떠한 동작을 한 다음, 이어서 다음 동작을 한다는 의미로서 '先' 과 '再' 는 모두 주어 뒤에 위치합니다. '再' 앞의 '然后' 는 써도 되고 안 써도 됩니다.

- 你先去买酒，然后再去买菜。
- 我想先洗个澡，再去吃饭。
- 咱们先打个电话再去。
- 这次旅行，我打算先到上海，再去广州。

단어

懂 dǒng 이해하다 ｜ 机票 jīpiào 비행기표 ｜ 洗澡 xǐzǎo 목욕 ｜ 生气 shēngqì 화나다
醉 zuì 취하다

Track 11

두 사람의 대화를 듣고 질문에 맞는 답을 찾으세요.

1 Ⓐ Ⓑ

A 买到了   B 还没买到
C 明天去买   D 没买到

2 Ⓐ Ⓑ

A 仁川   B 首尔
C 北京   D 东京

3 Ⓐ Ⓑ

A 牛仔裤   B 帽子   C 毛衣   D 裙子

4 Ⓐ Ⓑ

A 吃午饭   B 休息
C 学习   D 做作业

5 Ⓐ Ⓑ

A 听见他的声音了   B 没听见他的声音
C 听见别人的声音了   D 没听见别人的声音

다음 문장을 읽고 대화를 완성하세요.

> 我们学校附近有一家韩国服装专卖店。这个商店不太大，可东西很多。有牛仔裤，裙子，连衣裙，还有各种各样的帽子。我们班的同学都去那儿买衣服。上星期五我跟李娜去逛街的时候，我看好一条牛仔裤，可那天没有适合我的尺寸。今天上午我再去的时候，服务员说，这条牛仔裤明天就到。

（1）Ⓐ 韩国服装专卖店在哪儿？

　　Ⓑ 韩国服装专卖店在 ＿＿＿＿＿＿＿ 。

（2）Ⓐ 这个商店大不大？

　　Ⓑ 这个商店 ＿＿＿＿＿＿＿ 。

（3）Ⓐ 说话人什么时候看好这条牛仔裤呢？

　　Ⓑ ＿＿＿＿＿＿＿ 我看好这条牛仔裤。

（4）Ⓐ 服务员说，这条牛仔裤什么时候就到？

　　Ⓑ 服务员说，这条牛仔裤 ＿＿＿＿＿ 就到。

단어

服装 fúzhuāng 복장, 의류 ｜ 专卖店 zhuānmàidiàn 전문점 ｜ 连衣裙 liányīqún 원피스 ｜ 逛街 guàngjiē 쇼핑하다 ｜ 适合 shìhé 알맞다, 적합하다 ｜ 尺寸 chǐcun 사이즈

다음 단어에 맞는 자리를 찾아 주세요.

(1) 就

我一　A　见到　B　他　C　爱上　D　他了。

(2) 没

这篇文章　A　他　B　翻译　C　成　D　中文。

(3) 完

吃　A　晚饭　B　去　C　喝　D　杯酒吧。

(4) 从

A　你　B　小　C　就　D　住在那儿吗?

다음 보기에서 알맞은 단어를 골라 빈칸에 넣으세요.

到　　　　见　　　　懂　　　　就

(5) 我听 ＿＿＿＿ 你的话了。

(6) 李娜一吃晚饭 ＿＿＿＿ 走了。

(7) 我昨天一天没看 ＿＿＿＿ 他。

(8) 他买 ＿＿＿＿ 了三本英文书。

다음을 중국어로 써 보세요.

1 전 아직 다 못했어요.   (还)

2 우리는 기차표를 못 샀습니다.   (买到)

3 먼저 밥 먹고 난 후, 다시 얘기합시다.   (先…(然后)再…)

4 나는 벌써 다 썼습니다.

5 이 글을 그는 영문으로 번역했습니다.

6 내 여동생은 영화표를 샀습니다.

7 나는 그녀를 보자마자 사랑에 빠졌습니다.   (一…就…)

8 먼저 샤워 좀 하고 나서 밥 먹으러 가려고요.   (先…再…)

단어

然后 ránhòu ~한 후에 ｜ 一…就… yī…jiù… ~하자마자 곧 ~하다 ｜ 先…后… xiān…hòu… 먼저~ 하고, 후에 ~하다

차 마시다

保温瓶 bǎowēnpíng
보온병

煮 zhǔ
끓이다

打开茶叶袋 dǎkāi cháyè dài
찻잎 봉지를 열다

茶壶 cháhú
차 주전자

放水 fàng shuǐ
물을 붓다

沏 qī
(차를) 우리다

倒茶 dàochá
차를 따르다

品味 pǐnwèi
음미하다

你们吃饱了吗？

배불리 먹었어요?

기본호호

01

A : 喂！李珉在家吗？

B : 你找谁？先生，你打错了。

02

A : 对不起，我来晚了。

B : 没事儿，快进来吧。

03

A : 怎么能学好汉语呢？

B : 只要多看多说，就一定能学好。

04

A : 你妈妈的病好多了吗？

B : 谢谢！好多了。

단어

喂 wèi 여보세요 ｜ 打 dǎ ❶ 때리다, ❷ (전화) 걸다 ｜ 错 cuò 틀리다 ｜ 进来 jìnlái 들어오다 ｜ 吧 ba ~하세요 ｜ 怎么能…呢? zěnme néng…ne 어떻게 ~할 수 있는가? ｜ 好 hǎo (결과보어) 잘 마무리되었음을 나타냄 ｜ 只要…就… zhǐyào…jiù… 단지 ~하기만 하면 바로 ~할 수 있다 ｜ 一定 yídìng 반드시 ｜ 惯 guàn 습관이 되다

44

상황 회화

▶ 오늘은 王明이 생일턱을 낸 날. 모두 다 배가 불러 어쩔 줄을 몰라 한다.

王明　这个餐厅的菜怎么样？

李珉　好吃极了。

王明　你们吃饱了吗？

金小英　吃饱了。

李珉　哎呀！ 快要撑死了。

金小英　哈哈，那剩下的菜怎么办？

王明　这些菜就打包吧。小姐，结账！

服务员　好的。先生，您付现金还是刷卡？

王明　刷卡。小姐，开个发票。

단어

个 ge (양사) 개, 명, 사람 │ 餐厅 cāntīng 식당 │ 极 jí (정도보어) 극에 달하다 │ 饱 bǎo 배부르다 │ 撑 chēng 꽉 채우다 │ 死 sǐ (정도보어) 죽을 정도에 이르다 │ 剩下 shèngxià 남다 │ 下 xià (결과보어) 결과물이 고정되어 안정된 느낌 │ 些 xiē 약간 │ 打包 dǎbāo 포장하다 │ 结账 jiézhàng 계산하다 │ 付 fù 지불하다 │ 现金 xiànjīn 현금 │ 刷卡 shuākǎ 카드 결제하다 │ 开 kāi 발급하다 │ 发票 fāpiào 영수증

45

1 결과보어(结果补语)(2)

형용사가 결과보어로 되는 문형입니다.

① 对/错 : 동작의 결과가 틀렸거나 맞았음을 나타냅니다.
     (说对, 写错, 念错, 算错, 翻译错, 回答错)

② 好 : 일이 완료되었다는 의미에서는 '完'과 같지만, '好'에는 '잘 마무리되었다'
     라는 의미가 강합니다
     (写好, 算好, 翻译好, 做好, 放好, 拿好, 说好, 准备好,
     安排好, 计划好)

③ 清楚 : 동작의 결과가 분명함을 나타냅니다.
     (说清楚, 看清楚, 写清楚, 念清楚, 问清楚)

④ 干净 : 동작의 결과로 깨끗해졌음을 나타냅니다.
     (洗干净, 收拾干净, 打扫干净)

⑤ 惯 : 동작을 통해 익숙해지고 습관이 되는 것을 나타냅니다.
     (住惯, 过惯, 吃惯)

⑥ 大 : 동작을 통해 크게 하거나 여는 것을 나타냅니다.
     (睁大, 张大)

⑦ 晚 : 동작이 늦었음을 나타냅니다.
     (来晚)

[기본 문형]
- 今天的作业我已经做好了。
- 对不起, 我来晚了。
- 我听明白他的意思了。
- 那个问题她回答对了。
- 你们走错了, 应该往东走。

[결과보어를 쓰는 다른 표현]
결과보어를 이중부정 '不…不…'의 형식을 써서 주어의 결연한 의지를 표현하기도 합니다.

　　· 我不学好汉语绝不结婚。
　　· 我不做完作业就不吃晚饭。
　　· 我不看完这本书，不睡觉。

[TIP]
일반 동사 술어문과 결과보어를 쓰는 동사 술어문의 차이에 대해 알아볼까요? 일반 동사 술어문은 단순히 어떤 동작이나 행위가 진행된 것만을 말하지만, 결과보어를 쓰는 동사 술어문은 동작이나 행위의 결과가 어떻다 하는 것까지 말해줍니다.

　　· 我听了他的声音。
　　· 我听见了他的声音。
　　· 我看了那本书。
　　· 我看完了那本书。

意思 yìsi 생각하다 ｜ 回答 huídá 회답 ｜ 开口 kāikǒu 입을 열다. 말을 하다 ｜ 紧张 jǐnzhāng 긴장하다 ｜ 事情 shìqing 일, 사건, 용무 ｜ 声音 shēngyīn 음성, 목소리

Track 15

두 사람의 대화를 듣고 질문에 맞는 답을 찾으세요.

1 Ⓐ ░░░░░░░░░░░░ Ⓑ ░░░░░░░░░░░░

A 看不懂 B 都看懂了
C 有点儿不懂 D 不知道

2 Ⓐ ░░░░░░░░░░░░ Ⓑ ░░░░░░░░░░░░

A 没习惯 B 能吃中国菜
C 还不能吃 D 不喜欢中国菜

3 Ⓐ ░░░░░░░░░░░░ Ⓑ ░░░░░░░░░░░░

A 还没洗 B 已经洗干净了
C 不想洗 D 不知道

4 Ⓐ ░░░░░░░░░░░░ Ⓑ ░░░░░░░░░░░░

A 10:55 B 11:00 C 11:05 D 11:55

5 Ⓐ ░░░░░░░░░░░░ Ⓑ ░░░░░░░░░░░░

A 买到了 B 不好买
C 没买到 D 很多人都买到了

49

다음 문장을 읽고 대화를 완성하세요.

> 今天星期天。我们几个都有事儿。李娜去清华大学看一个朋友，我跟小英一起去商店买自行车。买自行车后，我可以骑着自行车去玩儿了。书呆子东东已经去图书馆学习汉语了。我们说好下午四点在学校门口见面。我们打算晚上去饭馆吃火锅。

(1) Ⓐ 今天星期几？

    Ⓑ 今天   。

(2) Ⓐ 李娜去清华大学干什么？

    Ⓑ 李娜去清华大学   。

(3) Ⓐ 说话人今天买什么？

    Ⓑ 说话人今天买   。

(4) Ⓐ 今天晚上他们打算吃什么？

    Ⓑ 今天晚上他们打算吃   。

단어

书呆子 shūdāizi 책벌레 ｜ 打算 dǎsuan ~할 예정이다 ｜ 火锅 huǒguō (중국식) 샤브샤브

다음 단어에 맞는 자리를 찾아 주세요.

(1) 大

你 A 就 B 睁 C 眼睛 D 吧。

(2) 还

我 A 没 B 复习 C 完 D 功课呢。

(3) 已经

A 中国菜 B 我 C 吃 D 惯了。

(4) 去

我 A 可以 B 骑着 C 自行车 D 玩儿了。

다음 보기에서 알맞은 단어를 골라 빈칸에 넣으세요.

翻译　　　回答　　　不…不…　　　晚

(5) 不好意思，我来 ________ 了吧？

(6) 那个问题她 ________ 对了。

(7) 这个句子他 ________ 对了。

(8) 我 ________ 看完这本书，________ 睡觉。

다음을 중국어로 써 보세요.

1 오늘 숙제 저는 벌써 다 했어요.

2 난 숙제를 다 못하면 저녁 안 먹을 거야.

3 너한테 빨라고 한 옷 어떻게 됐니? (洗)

4 너 이 책 다 봤어?

5 어떻게 하면 중국어를 잘할 수 있나요? (怎么)

6 중국 음식 난 이미 익숙해졌어. (惯)

7 많이 보고 많이 말하기만 하면, 반드시 잘 할 수 있습니다. (只要…就…)

8 나는 그 사람 목소리를 들었어요. (声音)

洗 xǐ 빨다, 씻다 | 只要…就… zhǐyào…jiù… 단지 ~하기만 하면 바로 ~할 수 있다

홍콩의 볼거리 1

홍콩 오션파크(香港海洋公园, H.K. Ocean Park)

▲ 오션파크

홍콩 오션파크는 아시아에서 가장 유명한 해양 박물관이자 현대식 놀이공원 중의 하나다. 특히 이곳에는 세계에서 두 번째로 큰 수족관과 세계에서 두 번째로 긴 에스컬레이터가 있어서 홍콩에 온 여행객들이 반드시 들르는 코스가 되었다. 공원은 산꼭대기와 산 아래 화원의 두 부분으로 구성되어 있으며, 내부에는 마린랜드(海洋天地), 어드벤처랜드(急流天地), 키즈랜드(儿童王国), 워터월드(水上乐园), 버드 파라다이스(雀岛天堂) 등이 있다.

그 중에서 바다의 해발과 같게 층층이 구성된 아쿠아리움은 바닷속에 들어온 듯한 착각을 불러일으킨다. 마린랜드의 해양극장 안에서 펼쳐지는 돌고래와 물개쇼는 이미

▲ 오션파크의 판다

홍콩 여행의 대표적인 볼거리이며 관광객은 또한 해양관, 해도관 안에서 해양 생물의 수중 생활을 구경할 수 있다.

또한 미들 킹덤(集古村, Middle Kingdom)에는 기원전 2205년부터의 중국의 13대 왕국을 축소하여 만들어 놓은 것이 볼 만하다.

그 밖에 중국 중앙정부에서 홍콩 특별행정구에 기증한 판다 한 쌍도 공원 내의 현대식 우리에서 전시되고 있고, 스릴을 느낄 수 있는 놀이 기구도 많이 있다.

윙타이신 사원 (黄大仙庙, Wong Tai Sin Temple)

▲ 윙타이신 사원의 입구

윙타이신 사원은 1956년 개원하였으며 본당에는 도교의 신선인 윙타이신의 그림이 모셔져 있다. 윙타이신은 원래 중국의 양치기 소년이었는데 15세 때 어떤 사람으로부터 수은으로 모든 병을 고칠 수 있는 약을 만드는 기술을 배우게 되었고 그 이후 40년 동안 은둔하며 살아갔다고 한다.

홍콩에 있는 도교 사원 중에서 가장 효력이 있다 하여 많은 신

▼ 윙타이신 사원의 입구

자들이 찾고 있으며, 건강을 걱정하는 사람들뿐만 아니라, 사업 문제에 대해 조언을 얻고자 하는 사람들이 참배하고 있다. 주위에 점집들이 많이 있다.

홍콩의 특색 있는 거리

▲ 노점의 골동품

• 레이디즈 마켓 (女人街, Ladies Market)
레이디즈 마켓은 매일 점심 때부터 밤까지 작은 노점이 들어서는데, 주로 파는 상품은 각종 여성용 가방, 의류, 악세사리 등이고, 작은 음식 노점들도 있다.

• 템플 스트리트 (庙街, Temple St.)
템플 스트리트는 신사복과 남성용품 판매를 위주로 하며, 맨스 마켓(男人街, Men's Market)라고도 불린다. 영업 시간은 오후부터 한밤중까지다. 템플 스트리트에는 많은 민간 예술가들이 거리 공연을 하고 있다.

• 제이드 마켓(玉器市場, Jade Market)
진품에서 모조품 비취까지 비취 전문 시장이다. 모조 비취를 속여 파는 경우도 있으니 주의하길 바란다. 오전 10시부터 오후 4시까지 문을 연다.

• 스탠리 마켓(赤柱市場, Stanley Market)
몽콕의 야시장보다 깔끔한 분위기로 직접 공장에서 물건을 받아와 파는 곳이며 하자가 있는 유명 브랜드의 상품을 싸게 팔기도 한다. 동화에서나 나올 법한 집처럼 꾸며진 카페나 레스토랑들이 있어 해변을 바라보며 차 한 잔 마시는 것도 괜찮다. 저녁 6시경에 문을 닫으므로 빨리 가 보는 것이 좋다.

▲ 스탠리 마켓

• 헐리우드 로드(荷李活道, Hollywood Rd.)
미드레벨(半上区, Mid Levels) 에스컬레이터를 타고 올라가다 보면 이 거리가 나오는데 주로 중국의 도자기, 고가구, 그림 등의 골동품을 취급하므로 홍콩의 서민적 분위기를 느끼기에 좋은 곳이다.

▲ 미드레벨 에스컬레이터

미드레벨 에스컬레이터

센트럴에서 란콰이펑(兰桂坊)에 가는 길목에 미드레벨(半上区, Mid Levels)로 올라가는 매우 긴 에스컬레이터가 있다. 영화 '중경삼림'에 나와서 더욱 유명해진 이 에스컬레이터는 미드레벨의 고급 주택가에 사는 사람들의 출퇴근용으로 아침(8~10시)에는 내려오는 방향으로 운행되고, 오후에는 올라가는 방향으로 운행된다. 미드레벨에는 예쁜 집과 카페가 많기로 유명하니 에스컬레이터를 타고 올라가서 구경하는 것도 좋을 것 같다.

TV 시청하기

遥控器 yáokòngqì
리모콘

电源 diànyuán
전원

新闻联播 xīnwén liánbō
뉴스 방송

重播 chóngbō
재방송

换频道 huàn píndào
채널을 돌리다

广告 guǎnggào
광고

关电视 guān diànshì
텔레비전을 끄다

PART 05

你快回来吧!

빨리 돌아오세요!

학습목표

동작이 진행되는 방향을 알려주는 방향보어
[趨向补语] 에 대해 알아봅니다.

기본회화

01

A : 我很想你，亲爱的，你什么时候回来呢？

B : 快了，下星期我就回去。

02

A : 哎，起来吧！起来！

B : 怎么了？哪里着火了？

03

A : 你没看见有人跑进来吗？

B : 对不起，没看见。

04

A : 快到周末了，你想做什么呢？

B : 我想爬上泰山去看看日出。

단어

亲爱的 qīn'aìde 자기야, 달링 ｜ 来 lái （방향보어） 동작이 화자가 있는 방향으로 진행됨을 나타냄 ｜ 去 qù （방향보어） 동작이 화자가 있는 방향에서 다른 곳으로 옮겨감을 나타냄 ｜ 起来 qǐlái 일어나다 ｜ 着火 zháohuǒ 불이 나다 ｜ 进来 jìnlái 들어오다 ｜ 爬 pá 기어오르다 ｜ 上去 shàngqù （복합 방향보어） 올라가다 ｜ 泰山 tàishān 태산 ｜ 日出 rìchū 일출

상황 회화

Track 18

▶ 브리핑 자료를 잃어버린 李珉이 급한 마음에 李娜를 닦달하는데…

李珉	李娜，你快过来一下！
李娜	哥，你怎么了？谁家着火了吗？
李珉	哎，别开玩笑，我桌子上的资料你看见没有？
李娜	没有。昨天我没进过你的屋啊。
李珉	真的吗？那，那些资料都哪儿去了？
李娜	哥，你下去看看，是不是沙发上的那些？
李珉	啊？那儿有我的资料？
李娜	不知是谁的，反正那儿放着一些资料呢。
李珉	谢谢，我的好妹妹！
李娜	不客气！

단어

过来 guòlái 건너오다 ｜ 一下 yíxià 좀 ~하다 ｜ 着火 zháohuǒ 불이 나다 ｜ 别 bié ~하지 마라 ｜ 开玩笑 kāiwánxiào 농담하다 ｜ 资料 zīliào 자료 ｜ 屋 wū 방 ｜ 下去 xiàqù 내려가다 ｜ 沙发 shāfā 쇼파 ｜ 反正 fǎnzhèng 어쨌든 ｜ 放 fàng 놓다

1 방향보어(趋向补语) (1)

구호 "우향우", "좌향좌"처럼 동작의 방향을 나타내는 보어를 방향보어라고 합니다.

[단순 방향보어 1]

① 단순 방향보어에는 '来'와 '去'가 있습니다. '来'는 동작의 방향이 화자를 향해 진행되는 것을 나타내고, '去'는 동작의 방향이 화자에게서 멀어지는 것을 나타냅니다.

- 你看! 小李回来了。
- 我们谈话的时候，他进屋来了。
- 我给你带来一封信。
- 东东不在家，出去了。
- 刚才我给妈妈寄去生日礼物了。

② 단순 방향보어를 쓰는 문장에 '장소 목적어'가 나오면 반드시 동사 술어와 '来/去' 중간에 놓아야 합니다.

- 外边风很大，你快进屋来吧。
- 他回公司去了。

③ 단순 방향보어를 쓰는 문장에 일반 '사람/사물' 목적어가 나오면 '来/去' 앞, 뒤에 놓을 수 있습니다.

- 我朋友买苹果来了。
- 我男朋友给我寄来一条裙子。
- 照相机他带去了吗?

④ 단순 방향보어를 쓰는 문장에 동작이 아직 실현되지 않았음을 표현할 때는, 목적어는 보통 '来/去' 앞에 놓습니다.

- 他要买葡萄来。
- 我想带数码相机去。

⑤ 목적어가 추상명사인 경우에는 목적어를 '来/去' 뒤에 놓습니다.

- 这个小孩给我们带来了希望。
- 我给你们带来了麻烦。

[단순 방향보어 2]

방향동사 上 · 下 · 进 · 出 · 回 · 过 · 起 등을 방향보어로 보기도 합니다.

동사　＋　上 下 进 出 回 过 起　＋　목적어

· 他买回一本英汉词典。
· 周老师走出教室了。

2 부정양사 点儿 / 些

① '点儿/些' 두 개 다 부정양사로 수량이 적음을 나타냅니다. 이때는 바꿔 쓸 수 있습니다.
· 他去商店买了点儿吃的。
· 他去商店买了些吃的。

② '这些/那些' 은 수량의 많고 적음과 상관없이 복수의 개념이고, '这点儿/那点儿' 는
수량이 아주 적음을 나타냅니다.
· 这些礼物是送给谁的?
· 这点儿饭够谁吃的呀? 再做点儿吧。

③ '这么些/那么些' 는 수량이 많음을 강조하고, '这么点儿/那么点儿' 은 수량이 적음
을 강조합니다.
· 这么小的屋子哪儿能坐下这么些人呢?
· 怎么就来了那么点儿人啊? 不是说有十几个人吗?

Track 19

두 사람의 대화를 듣고 질문에 맞는 답을 찾으세요.

1 Ⓐ 　　　　　　　　　Ⓑ

A 已经出去了　　　　B 还没出去
C 刚出去　　　　　　D 不知道

2 Ⓐ 　　　　　　　　　Ⓑ

A 女的　　　　B 李娜　　　　C 东东　　　　D 小英

3 Ⓐ 　　　　　　　　　Ⓑ

A 北京　　　　　　　B 天津
C 上海　　　　　　　D 青岛

4 Ⓐ 　　　　　　　　　Ⓑ

A 朋友　　　　　　　B 同学
C 同事　　　　　　　D 爱人

5 Ⓐ 　　　　　　　　　Ⓑ

A 泰山　　　　　　　B 黄山
C 颐和园　　　　　　D 故宫

다음 문장을 읽고 대화를 완성하세요.

> 小英是一家贸易公司职员。她每天七点起床，八点坐地铁去上班，九点到公司。中午十二点到一点休息，她有时候在公司吃午饭，有时候跟客人去饭馆吃饭。吃完饭后看报纸或者跟同事聊天儿。下午六点下班，大概七点到家。回家的时候，她常常买水果来。七点半左右她吃晚饭。吃晚饭以后，她跟爱人一起看电视。差五分十二点睡觉。

（1） Ⓐ 小英在哪儿工作？

　　 Ⓑ 小英 ＿＿＿＿＿ 工作。

（2） Ⓐ 她中午吃完饭后，做什么？

　　 Ⓑ 她中午吃完饭后，＿＿＿＿＿。

（3） Ⓐ 中午休息时间是从几点到几点？

　　 Ⓑ 中午休息时间是 ＿＿＿＿＿。

（4） Ⓐ 吃晚饭后，她跟爱人做什么？

　　 Ⓑ 吃晚饭后，她跟爱人 ＿＿＿＿＿。

단어

地铁 dìtiě 지하철 ｜ 报纸 bàozhǐ 신문 ｜ 大概 dàgài 대개

다음 단어에 맞는 자리를 찾아 주세요.

(1) 回

　　　我　A　给家人　B　寄　C　两张照片　D　去。

(2) 公司

　　　A　他　B　回　C　去　D　了。

(3) 来

　　　我　A　朋友　B　买　C　一斤　D　苹果。

(4) 客厅

　　　她　A　妹妹　B　走　C　进　D　来了。

다음 보기에서 알맞은 단어를 골라 빈칸에 넣으세요.

就　　　点儿　　　来　　　些

(5) 他要买苹果 ____________ 。

(6) 我爱人马上 ____________ 回来。

(7) 他去商店买了 ____________ 吃的。

(8) 这 ____________ 礼物是送给谁的？

다음을 중국어로 써 보세요.

1 카메라를 그 사람이 가져갔나요? (照相机)

2 내 친구는 사과를 사 가지고 왔습니다. (苹果)

3 그는 회사로 돌아갔습니다. (回去)

4 그는 밥 먹고는 바로 나갔습니다. (出去)

5 그는 상점에 가서 먹을 것을 조금 샀습니다. (些)

6 이렇게 작은 방에 어떻게 그렇게 많은 사람들이 들어갑니까?

7 나는 걸어 올라갑니다.

8 내가 너희들에게 폐만 끼쳤구나. (麻烦)

단어

照相机 zhàoxiàngjī 카메라 │ 苹果 píngguǒ 사과 │ 些 xiē 조금, 약간 │ 麻烦 máfan ❶ 폐, 번거로움 ❷ 번거롭다, 귀찮다

설거지하기

吃完了 chīwán le
(음식을) 다 먹다

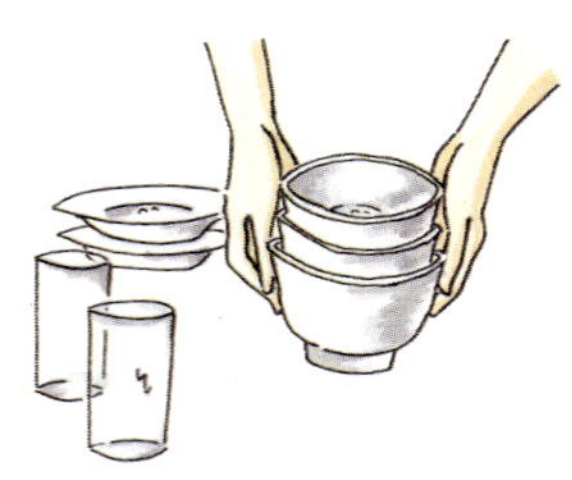

整理杯盘 zhěnglǐ bēipán
그릇과 컵을 치우다

洗碗池 xǐwǎnchí
설거지통

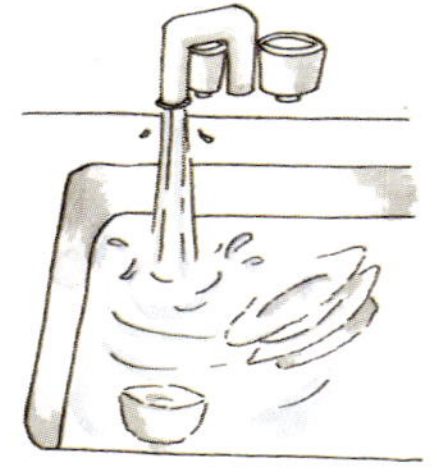

水龙头 shuǐlóngtóu
수도꼭지

洗涤剂 xǐdíjì
세제

擦 cā
닦다

冲洗 chōngxǐ
헹구다

어학

English program
Chinese program
Japanese program
Nexus On program

NEXUS

넥서스 도서와 최신 학습자료를 스마트폰에서 만나 보세요!

스마트한 공부 비법
M 넥스터디

휴대폰으로 어디서든 만나는 **모바일 서비스**

동영상 강의, 어학 MP3, 전자책과 다양한
무료 서비스까지 한곳에서 볼 수 있습니다.

스마트폰으로 지금 접속하세요!

http://m.nexstudy.com 넥스터디

앱스토어에서 '넥스터디' 어플을 다운받으세요.

어디서나 간편하게
넥서스 Apps

Enjoy 도쿄
$4.99

영어 면접
뽀개기(10일 완성)
$4.99

NEXUS
워드 스펀지
$14.99

NEXUS
영한/한일 사전
$18.99

HOW TO
TOEIC VOCA
770
$4.99

영어일기
표현 사전
$9.99

일본어
한자읽기
$5.99

어른들을 위한
영어 그림일기
$4.99

도루도루
VOCA
무료

앱스토어, 안드로이드마켓에서 다운받을 수 있습니다.

PART 06

你快说出来呀!

빨리 말하라니깐!

기본회화

Track 21

01

A : 他的名字想起来了没有？

B : 没有，奇怪，怎么也想不起来。

02

A : 这样做下去你一定会后悔的。

B : 那也没办法。

03

A : 你想说什么就说出来吧。

B : 其实，我没什么可说的。

04

A : 喂！喂！快醒一醒！

B : 没事儿，我还没喝醉呢。

단어

名字 míngzi 이름 ｜ 奇怪 qíguài 이상하다, 괴상하다 ｜ 怎么也 zěnme yě 아무리 해도 ｜ 下去 xiàqù (어떤 동작을) 해 내려가다 ｜ 会…的 huì…de ～할 것이다 ｜ 后悔 hòuhuǐ 후회하다 ｜ 没办法 méibànfǎ 어쩔 수 없다 ｜ 出来 chūlái ❶ 나오다 ❷ (방향보어) 무에서 유를 창조해내다 ｜ 其实 qíshí 사실은 ｜ 可 kě ～할 만한 가치가 있다 ｜ 醒 xǐng 깨어나다 ｜ 没事儿 méishìr 괜찮아 ｜ 喝 hē 마시다

66

상황 회화

Track 22

▶ 모처럼 金小英과 李珉이 데이트하는 날… 연하남을 의식한 듯 잔뜩 멋을 낸 金小英의 모습이 눈에 확 띈다.

李珉　哟！这是谁呀？我差点儿没认出来。

金小英　怎么了？

李珉　你今天打扮得真漂亮。年轻多了。

金小英　什么？年轻多了？

李珉　哈哈，说着玩儿呢！你别生气。

金小英　你这个人，真讨厌！

李珉　姐姐，你猜猜这是什么东西吧。

金小英　我真猜不出来呢，你快告诉我。

李珉　这是……

金小英　你快说出来呀！

 단어

哟 yō 앗, 아니, 야 │ 差点儿 chàdiǎnr 하마터면 │ 认 rèn 알아보다 │ 出来 chūlái ❶ (방향보어) 나오다 ❷ 생각을 해내다 │ 打扮 dǎban 분장하다, 단장하다 │ 漂亮 piàoliang 이쁘다 │ 年轻 niánqīng 젊다 │ 说着玩儿 shuōzhewánr 농담하다 │ 生气 shēngqì 화내다 │ 讨厌 tǎoyàn 밉다, 얄밉다 │ 猜 cāi 추측하다 │ 东西 dōngxi 물건 │ 告诉 gàosu 알려주다

1 방향보어 (2)

동작을 좀 더 세분화해서 표현할 때 복합 방향보어를 씁니다. 예를 들어, '들어와' 는 '进来吧!' 라고 표현하고, '뛰어 들어와' 는 '跑进来吧!' 라고 표현합니다.

① 복합 방향보어의 용법
- 你看! 他跑下来了。
- 前边走过来一个人。
- 你给我滚出去!

② '장소' 목적어가 나오면 '来/去' 앞에 놓습니다.
- 他跑进宿舍去了。
- 他妹妹走进客厅来了。

③ '사람·사물' 목적어가 나오면 '来/去' 앞이나 뒤에 놓을 수 있습니다.
- 他从书包里拿出来了一盘光盘。
- 她带了一瓶啤酒进去。

④ 복합 방향보어와 이합사를 같이 쓸 때는 다음과 같습니다.
- 他回过头来向我笑了笑就走了。
- 她跳起舞来什么都忘了。

⑤ 단음절 동사가 복합 방향보어와 결합하면 다음과 같이 쓰기도 합니다.
- 他说完话就站了起来。

2 복합방향보어의 파생 용법

몇몇 복합 방향보어는 원래의 뜻 외에 파생적인 의미를 갖는 것들이 있는데, 대표적인 것이 다음과 같습니다.

① 下来
㉠ 동작이나 상태가 동적인 것에서 정적인 것으로, 밝은 것에서 어두운 것으로 점차 변화해가는 것을 표현

ⓛ 사람이나 사물이 어딘가에 머물거나 고정됨을 표현
ⓒ 동작이 과거로부터 계속되어 옴을 표현

· 天黑下来了。

· 你的电话号码我们都记下来了。

· 这个传统在马家一代代传下来。

② 下去
동작이 계속 진행될 것을 나타냅니다. '下去' 뒤에는 목적어가 올 수 없습니다.

· 我们继续谈下去吧。

③ 出来
ⓣ 동작을 통해 뭔가를 발견하거나 식별해내는 것을 표현
ⓒ 동작을 통해 '무'에서 '유'를 창조해내는 것을 표현

· 你快说出来吧。

· 他的意见都说出来了。

④ 起来
ⓣ 동작이 시작되어 계속됨을 표현
ⓒ 사람이나 사물이 흩어져 있다가 한곳으로 집중됨을 표현
ⓒ '~하기엔'으로 화자의 관점이나 생각을 표현

· 听了他的话, 大家都笑起来了。

· 我们应该团结起来。

· 说起来容易, 做起来难。

⑤ 过来
동작이 비정상에서 정상으로 돌아오거나, 어떠한 능력이 되는 것을 표현

· 喂! 醒过来呀!

⑥ 过去
동작이 정상에서 비정상으로 되거나, 동작이 완료되는 것을 표현

· 听到他的消息, 我妹妹就昏过去了。

두 사람의 대화를 듣고 질문에 맞는 답을 찾으세요.

1 A | B

- A 小李
- C 周老师
- B 东东
- D 朴老师

2 A | B

- A 现在不想吃饭
- C 吃饱了
- B 太少了，想多吃
- D 没有菜

3 A | B

- A 想起来了
- C 不知道
- B 还没有
- D 想出来

4 A | B

- A 不好看
- C 不太好
- B 太小了
- D 没洗干净

5 A | B

A 小李　　　B 东东　　　C 李珉　　　D 小英

다음 문장을 읽고 대화를 완성하세요.

> 李珉从上海回到北京，刚下火车，就下起雪来了。快到家的时候，雪下得更大了。这时候，他看见前边一位老大娘，手里拿着一大包东西，走起路来很困难。他马上过去帮她拿东西。他们一边走路一边聊天儿，这样就很快到老大娘家了。老大娘请他进来，可他没进去就回家了。

（1）Ⓐ　李珉的家在哪儿？

　　　Ⓑ　李珉的家　　　　　　　。

（2）Ⓐ　李珉看见谁了？

　　　Ⓑ　李珉看见　　　　　　　。

（3）Ⓐ　李珉帮老大娘的什么？

　　　Ⓑ　李珉帮她　　　　　　　。

（4）Ⓐ　李珉进去了老大娘的家没有？

　　　Ⓑ　李珉　　　　　　　。

老大娘 lǎodàniáng 할머니　|　困难 kùnnan 힘들다, 곤란

다음 단어에 맞는 자리를 찾아 주세요.

(1) 宿舍

他 A 跑 B 进 C 去 D 了。

(2) 下去

A 我们 B 继续 C 谈 D 吧!

(3) 下来

A 你看! B 他 C 跑 D 了。

(4) 就

你 A 想 B 说什么 C 说出来 D 吧。

다음 보기에서 알맞은 단어를 골라 빈칸에 넣으세요.

出来	起来	下来	过去

(5) 听到他的消息，他的爱人就昏　　　　了。

(6) 天黑　　　　了。

(7) 他从书包里拿　　　　了一盘光盘。

(8) 她跳　　　舞　　　什么都忘了。

다음을 중국어로 써 보세요.

1 네 전화번호를 우린 다 적어놨어. (电话号码)

2 너 빨리 좀 말해봐.

3 우리는 단결해야 합니다. (团结)

4 그의 여동생은 거실로 걸어 들어왔습니다.

5 그녀는 맥주 한 병을 가지고 들어갔습니다.

6 말하긴 쉬워도, 하긴 힘들어요.

7 날이 어두워졌습니다.

8 기차가 천천히 멈추었습니다. (停 / 下来)

단어

电话号码 diànhuàhàomǎ 전화번호 | 团结 tuánjié 단결하다

Travel in Hong Kong

홍콩의 쇼핑 명소는 어디일까?

홍콩은 세계적인 브랜드의 상품들을 세계 어느 곳보다 저렴하게 살 수 있는 곳으로 유명하며, 쇼핑 지역이 대부분 한곳에 모여 있어 둘러보기에도 편리하다. 주요 쇼핑 명소로는 침사추이(尖沙咀), 센트럴(中环), 어드미럴티(金钟) , 코즈웨이베이(铜锣湾) 등이 있다.

홍콩에서 1년에 두 번, 여름(7월)과 겨울(12월~설날)은 세계적인 명품들도 참여하는 대대적인 바겐세일 기간이다. 각국의 명품족들은 이때를 노려서 홍콩으로 몰려드는데, 특히 세일이 막바지에 이를 때 세일의 폭이 더 커지므로 정말 사고 싶은 물건이 있다면 그때 사는 것이 현명하다.

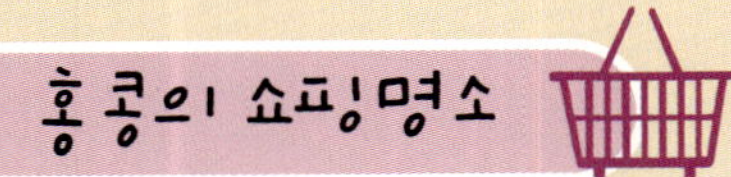

침사추이(尖沙咀, Tsim Sha Tsui)

몇 블록에 걸쳐 이어지는 거대한 쇼핑몰 하버시티부터, 저렴하면서도 개성 있는 패션 아이템들이 숨어 있는 그랜빌 로드(Granville Road)의 보세 옷가게들과, 서민들의 냄새가 물씬 풍기는 템플 스트리트 등의 거리 시장까지 골고루 갖추어져 있다. 대부분 침사추이역 주위에 몰려 있으므로 역을 중심으로 천천히 둘러보면 홍콩의 소박한 모습에서 화려한 모습까지 모든 것을 보고 느낄 수 있다. 침사추이에서는 고급 브랜드의 명품에서 모조품에 이르기까지 쇼핑이 가능하다.

센트럴(中环, Central) 과 어드미럴티(金钟, Admiralty)

누구나 홍콩의 높은 빌딩숲 사진을 본 적이 있을 것이다. 그런 사진은 대부분 이 센트럴 부근을 찍은 것이다. 어드미럴티는 주위에 쇼핑가가 많지는 않지만 최고의 쇼핑몰인 퍼시픽 플레이스가 있어 많은 관광객들이 모이는 곳이다.

▲ 퍼시픽 플레이스

코즈웨이베이(铜锣湾, Causeway Bay)

홍콩 최고의 쇼핑가라고 할 수 있는 지역으로 대형 쇼핑몰들이 집중되어 있다. 밝고 활기찬 분위기의 거리로 각종 명품들의 매장들과 백화점들이 즐비하며 일본 백화점들이 몰려 있어 홍콩 속의 작은 일본 같은 분위기를 자아낸다.

홍콩의 대표 먹거리는 뭐가 있을까?

홍콩의 먹거리는 기본적으로 광둥 요리에 뿌리를 둔다. "음식이라면 광둥"이라는 말이 있을 만큼 광둥 요리는 다양한 재료와 조리법으로 우리의 입맛을 돋운다. 또한 홍콩은 오랫동안 영국의 지배를 받아 왔던 역사적 배경에서 다양한 서양 요리도 발달하였다.

홍콩의 먹거리

▶ 딤섬

딤섬은 간식을 뜻하는 중국어 '덴신(点心)'의 홍콩식 발음이다. 딤섬은 주로 아침이나 점심 때 먹는 것으로, 작은 접시나 바구니에 담긴 만두나 찐빵 같은 딤섬을 늘어놓고 차와 함께 먹는 것을 '얌차(饮茶)'라고 한다. 식당에 따라 메뉴판에 표시해서 주문하는 경우도 있고, 손수레에서 직접 음식을 보고 고르는 경우도 있다.

▲ 여러 가지 딤섬

▶ 차오저우 요리(潮州菜)

차오저우 요리는 고급 음식으로, 흔히 우리가 알고 있는 샥스핀과 제비집 요리가 이 차오저우 요리에 속한다. 차오저우 요리를 먹을 때 녹차와 함께 먹으면 입맛을 돋우어 주고 소화에 도움을 주어 금상첨화다. 고급 요리답게 가격도 만만치 않지만, 주문만 잘하면 저렴한 가격에도 차오저우 요리를 즐길 수 있다.

▲ 수타면

▶ 국수(面)와 죽(粥)

홍콩 사람들이 보통 때, 아침이나 점심으로 먹는 건 거창한 요리가 아니라 국수 종류다. 그래서 국수집은 흔히 볼 수 있으며, 대부분 하루 종일 국수를 먹는 사람들로 가득하다. 바쁜 홍콩 사람들이 간편하게 즐기는 죽은 알맞게 우러난 국물의 깊이 있는 맛과 부드럽게 씹히는 쌀알의 느낌이 일품인 훌륭한 식사이며, 아침부터 밤늦게까지 영업하는 체인점들이 많다.

독서하기

畅销书 chàngxiāoshū
베스트셀러

书架 shūjià
책꽂이

翻 fān
페이지를 넘기다

划 huà
줄을 긋다

一边翻一边读
yìbiān fān yìbiān dú
페이지를 넘겨가며 읽는다

记录 jìlù
메모, 기록

合上 héshang
닫다. 덮다

PART 07

听得懂吗?

알아들을 수 있어요?

기본회화

01

A: 老师讲的你都听得懂？

B: 百分之七十左右我能听懂。

02

A: 哎呀，累了，走不动了。

B: 累什么呀，快走吧。

03

A: 孩子，中秋节你回得来回不来？

B: 妈，我可能回不来。

04

A: 作业太多了，今天晚上怎么也做不完。

B: 那你开夜车就行了。

단어

讲 jiǎng 이야기하다, 설명하다 | 得 de 가능보어의 긍정형을 만들 때 쓰임 | 百分 bǎifēn 백분, 퍼센트 | 之 zhī ~의 | 动 dòng 움직이다 | 什么 shénme 뭐가, 뭐라고 (상대방의 말에 불만을 나타냄) | 中秋节 Zhōngqiū Jié 추석 | 回来 huílái 돌아오다 | 可能 kěnéng 아마도 ~일 것이다 | 作业 zuòyè 숙제 | 太…了 tài…le 너무 ~하다 | 怎么也 zěnmeyě 아무리 해도 | 开夜车 kāiyèchē (일이나 공부를 하느라) 밤샘하다

78

Track 26

▶ 모처럼 중국어에 푹 빠진 李娜, 집에 놀러온 东东을 깜짝 놀라게 하는데…

东东　你在看中文节目呀？听得懂吗？

李娜　听不懂，可是看得懂。

东东　听不懂，为什么看呢？

李娜　我想练习听力，所以我在家的时候，
　　　经常一边看一边听。

东东　这么练习有进步吗？

李娜　嗯，我现在已经能听懂一点儿了。

东东　是吗？那明天开始我也试一试。

단어

在 zài ~하는 중이다 ｜ 中文 zhōngwén 중국어, 중문 ｜ 节目 jiémù 프로그램 ｜ 看懂 kàndǒng 보고 이해하다 ｜ 练习 liànxí 연습하다 ｜ 听力 tīnglì 듣기 ｜ 经常 jīngcháng 자주 ｜ 进步 jìnbù 진보하다, 향상되다 ｜ 已经 yǐjing 이미 ｜ 听懂 tīngdǒng 듣고 이해하다 ｜ 试 shì 시험하다

1 가능보어(可能补语)

가능보어란 술어 동사 뒤에서 동작이 어떠한 결과나 상황에 도달할 수 있는 가능성이 있는
지 없는지를 보충 설명해주는 보어를 말합니다. 보통 결과보어나 방향보어 앞에 '得/不'를
써서 '긍정/부정형'을 만듭니다.

[기본 문형]

결과보어로 만드는 가능보어

吃得完 다 먹을 수 있다   吃不完 다 먹을 수 없다

看得清楚 분명히 보인다   看不清楚 잘 안 보인다

방향보어로 만드는 가능보어

上得去 올라갈 수 있다   上不去 올라갈 수 없다

走得过来 걸어서 건널 수 있다   走不过去 걸어서 건널 수 없다

[긍정형]

① 가능보어를 쓰는 문장에 목적어가 나오면 목적어를 가능보어 뒤에 놓습니다.

· 我听得懂老师讲的话。

② 목적어를 동사 술어나 주어 앞에 놓습니다.

· 你什么都做得出来。

· 这本书我一天看得完。

· 这么多东西，我一个人拿不了。

③ 가능보어를 쓰는 긍정문에는 조동사 '可以', '能'을 같이 쓸 수 있습니다. 이때 문장의
   기본 의미는 변하지 않고 어기만 강조됩니다.

· 我可以吃得完。

· 下午五点以前他们能回得来。

[부정형]

· 请你大一点儿声，我听不清楚。

· 我太累了，走不动了。

· 我恐怕去不了了。

[의문형]

　　·A　　：今天晚上你回得来回不来？

　　B-1 ：我回得来。

　　B-2 ：我回不来。

　　·A　　：这个剧场能坐得下一千人吗？

　　B-1 ：能坐得下。

　　B-2 ：坐不下。

[많이 쓰이는 가능보어]

① 动

힘을 이용해 사람이나 사물을 이동시킬 때 씁니다.

　　·我走不动了。

　　·我们俩搬得动这张桌子。

② 下

어떤 장소에 공간이 충분해 일정한 수량의 사람이나 사물을 수용할 수 있음을 나타냅니다.

　　·那个教室坐不下一百个人。

　　·我们俩吃不下这么多菜。

③ 了

㉠ 어떤 동작을 진행할 능력이 된다는 것을 표현

㉡ 형용사의 가능보어가 되어 어떤 정도나 상황에 도달할 수 있음을 표현

㉢ '了'에는 '完'의 뜻이 들어 있습니다.

　　·明天下午我来得了。

　　·这件事儿没什么大不了。

　　·修这辆车，用不了一个小时。

Track 27

두 사람의 대화를 듣고 질문에 맞는 답을 찾으세요.

1 Ⓐ ___________ Ⓑ ___________

A 女的在开玩笑
C 菜太多, 他吃不完

B 他吃得完
D 他想两个人一起吃

2 Ⓐ ___________ Ⓑ ___________

A 她回得来
C 她回不来

B 她来得很晚
D 她很忙, 所以不能来

3 Ⓐ ___________ Ⓑ ___________

A 机场　　　　B 火车站　　　　C 汽车站　　　　D 学校

4 Ⓐ ___________ Ⓑ ___________

A 他想两个人能拿
C 不知道

B 他一个人拿得了
D 东西太多, 他一个人
　　拿不了

5 Ⓐ ___________ Ⓑ ___________

A 办公室很大
C 下午的会议在教室开

B 人不多, 坐得下
D 办公室太小

다음 문장을 읽고 대화를 완성하세요.

今天跟东东说好，下班后去喝啤酒。可是快五点的时候，李科长叫我去机场接客人。我不得不去一趟。在路上，我给东东打电话，让他先去酒吧等我。我想来得及。没想到，飞机晚点了一个小时。我送客人去饭店的时候，东东来电话说，他已经回家了。

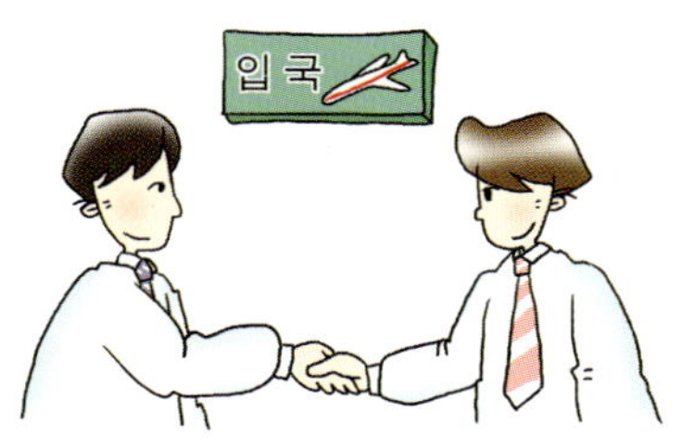

(1) Ⓐ 说话人打算今天下班后干什么？

Ⓑ 说话人打算今天下班后　　　　　　　。

(2) Ⓐ 说话人让东东在哪儿等他？

Ⓑ 说话人让东东　　　　　　　。

(3) Ⓐ 飞机晚点多长时间了？

Ⓑ 飞机晚点了　　　　　　　。

(4) Ⓐ 说话人送客人去饭店的时候，东东在哪儿？

Ⓑ 说话人送客人去饭店的时候，东东　　　　　　　。

단어

接 jiē 마중하다 ｜ 趟 tàng 차례, 번 ｜ 酒吧 jiǔbā (서양식) 술집, 바

다음 단어에 맞는 자리를 찾아 주세요.

(1) 能

这些菜　A　东东　B　一个人　C　吃得　D　完。

(2) 做

做作业太多了，今天　A　晚上　B　怎么　C　也　D　不了。

(3) 得

这本　A　书　B　我　C　一天看　D　完。

(4) 恐怕

A　我　B　去　C　不了　D　了。

다음 보기에서 알맞은 단어를 골라 빈칸에 넣으세요.

吃不了	听得懂	记得住	坐不下

(5) 这个办公室　　　　　五百人。

(6) 这么多的菜你一个人　　　　　。

(7) 这些生词我们都　　　　　。

(8) 老师讲的话你都　　　　　吗？

다음을 중국어로 써 보세요.

1 선생님이 말씀하신 거 너 다 이해할 수 있어?

2 이렇게 많은 물건을 저 혼자서는 들 수 없습니다. （拿不了）

3 너무 피곤해서 못 걷겠어요. （走不动）

4 내일 오전에 나는 올 수 있습니다.

5 나는 다 먹을 수 있습니다. （吃得完）

6 이 책을 나는 하루면 다 볼 수 있다. （看得完）

7 그 교실엔 100명이 못 들어가요. （坐不下）

8 오늘 밤에 돌아올 수 있어요? / 못 돌아와요.

단어

看得完 kàndewán 다 볼 수 있다 ｜ 坐不下 zuòbuxià 앉을 수 없다

개 돌보기

叫狗了　jiàgǒu le
개를 부르다

扑　pū
뛰어들다

抚摸　fǔmō
쓰다듬다

尾巴　wěiba
꼬리

狗食　gǒushí
사료, 개밥

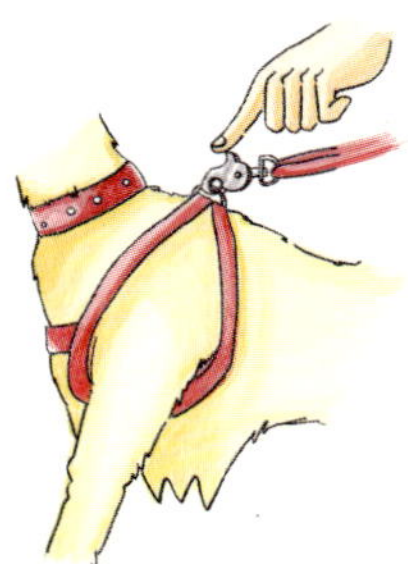

狗链　gǒuliàn
개 목걸이

宠物　chǒngwù
애완동물

现在去来得及吧?

지금 가도 안 늦겠죠?

학습목표

일상회화에서 관용어처럼 쓰이는 가능보어에
대해 알아봅니다.

기본호호화

01

A : 火车三点开，现在去来得及吗？

B : 都两点了，现在去也来不及了。

02

A : 这个太贵了，我买不起。

B : 你买不起，那我给你买吧。

03

A : 今天怎么这么热，我真受不了。

B : 你是不是怕热？

04

A : 这件事用不着请别人帮忙。

B : 你自己能解决呀？

 단어

火车 huǒchē 기차 ｜ 开 kāi ❶ (차가) 출발하다 ❷ 열다 ｜ 来得及 láidejí (어떤 동작을 하기에) 늦지 않았다
都…了 dōu…le 벌써 ~가 되었다 ｜ 来不及 láibují (어떤 동작을 하기에) 늦었다 ｜ 贵 guì 비싸다 ｜ 买不
起 mǎibuqǐ (돈이 없어) 살 수 없다 ｜ 受不了 shòubuliǎo 견딜 수 없다, 참을 수 없다 ｜ 怕 pà 두렵다, 겁내다
｜ 用不着 yòngbuzháo 필요 없다 ｜ 请 qǐng 초대하다, 초청하다 ｜ 帮忙 bāngmáng 도와주다 ｜ 解决 jiějué
해결하다

88

상황 회화

Track 30

▶ 李珉과 金小英이 주말여행을 떠나기로 했는데… 여전히 바쁜 金小英, 아직도 업무를 못 끝내고 있네요. 이들은 과연 기차를 탈 수 있을까요?

李珉　你快点儿好不好？

金小英　你急什么呀？

李珉　已经六点了，再晚，我们就赶不上车了。

金小英　你不是说七点半的火车吗？

李珉　哪儿啊，七点的火车！

金小英　是吗？不好意思，我记错了，我马上就好了。

李珉　现在去来得及吧？

金小英　差不多吧。火车票呢？

李珉　在我这儿。

金小英　那行，快走吧！

단어

急 jí 급하다, 서두르다 | 赶不上 gǎnbushàng ❶ 따라잡을 수 없다 ❷ (차를) 탈 수 없다 | 哪儿啊 nǎr a 무슨 소리 | 不好意思 bùhǎoyìsi 미안합니다 | 记 jì 기억하다, 외우다, 기록하다 | 错 cuò 잘못되다, 틀리다 | 差不多 chàbuduō ❶ (정도·시간·거리 등이) 거의 비슷하다 ❷ (그럭저럭) 되다 | 票 piào 표 | 行 xíng 괜찮다

1 가능보어(可能补语) (2)

관용어처럼 쓰이는 가능보어에 대해 알아봅니다.

① 及
来得及 어떤 시간에 늦지 않다, ~할 시간이 되다
- 现在去还来得及。

来不及 늦다, 시간에 못 맞추다
- 时间晚了, 来不及通知他了。

② 起
看不起 깔보다
- 他谁也看不起。

买不起 (돈이 없어서) 살 수 없다
- 这辆车太贵了, 我买不起。

③ 了
免不了 피할 수 없다.
- 小孩子一块儿玩儿, 吵架是免不了的。

少不了 없어서는 안 된다, 피할 수 없다
- 这次比赛少不了他。

受不了 참을 수 없다, 견딜 수 없다
- 今天的天气, 真让人受不了。

④ 上
比不上 비교가 안 된다, 비교할 수 없다
- 他真有两下子, 谁也比不上他。

跟不上 따라갈 수 없다, 비교할 수 없다
- 他走得快, 我跟不上。

说不上 단언할 수 없다, ~라고 할 정도는 아니다

· 大家随便吃点儿，说不上请客。

⑤ 死

吃不死 먹어도 안 죽는다

· 你吃吧，反正吃不死人。

喝不死 마셔도 안 죽는다

· 喝吧喝吧，喝不死人的。

⑥ 着

用不着 ~까지는 필요 없다

· 外边不冷，用不着穿大衣。

用得着 필요하다, 쓸모 있다

· 留着吧，到时候用得着。

2 결과보어·가능보어·정도보어 비교

	结果补语	可能补语	程度补语
긍정형	看清楚	看得清楚	看得很清楚
부정형	没看清楚	看不清楚	看得不清楚
반복의문문	看(清楚)没看清楚?	看得清楚看不清楚?	看得清楚不清楚?
목적어 동반	看清楚那些字	看得清楚那些字	看那些字看得很清楚
부사어 동반			看得非常清楚
보어 동반			看得清楚极了

比赛 bǐsài 시합하다 | 随便 suíbiàn 마음대로 하다 | 大衣 dàyī 외투

Track 31

두 사람의 대화를 듣고 질문에 맞는 답을 찾으세요.

1 Ⓐ ___________ Ⓑ ___________

A 来不了
C 现在去来不及

B 来得及
D 现在去得太晚了

2 Ⓐ ___________ Ⓑ ___________

A 这是葡萄酒
C 喝酒不会死

B 让女的喝酒
D 葡萄酒不是酒

3 Ⓐ ___________ Ⓑ ___________

A 她怕去旅行
C 不想跟他去

B 可能不能去
D 不想去旅行

4 Ⓐ ___________ Ⓑ ___________

A 他希望胖　　B 他很怕冷　　C 他很怕热　　D 他喜欢热

5 Ⓐ ___________ Ⓑ ___________

A 现在去也不能上车
C 他来得太晚了

B 现在去不能回来
D 他现在来不了

다음 문장을 읽고 대화를 완성하세요.

下星期我就要回国了。这次回去不知什么时候能再来。
我在北京的时间里，你们对我很好，帮了我不少忙，我
非常感谢你们。李娜和东东经常腻在一起，真让我们受
不了，但我还是羡慕你们。王新那么爱学习，以后能不
能在电视里看到你呀？小英那么爱打扮，我怕你冻死。
哈哈，这些话，都是说着玩儿的，你们可别当真了。来，
大家干一杯吧！

（1） Ⓐ 说话人什么时候回国？

　　 Ⓑ 说话人 　　　　　　　　。

（2） Ⓐ 李娜和东东是什么关系？

　　 Ⓑ 李娜和东东是 　　　　　　　。

（3） Ⓐ 像王新这样的人叫什么？

　　 Ⓑ 像王新这样的人叫 　　　　　　。

（4） Ⓐ "说着玩儿"是什么意思？

　　 Ⓑ "说着玩儿"是 　　　　　 的意思。

感谢 gǎnxiè 감사하다 ｜ 腻 nì ❶ 느끼하다 ❷ 달라붙어 있다 ｜ 羡慕 xiànmù 부러워하다 ｜ 打扮 dǎbàn
단장하다, 꾸미다 ｜ 冻死 dòngsǐ 얼어 죽다

다음 단어에 맞는 자리를 찾아 주세요.

(1) 就

　　A　不　B　是　C　个　D　葡萄酒嘛。

(2) 了

　　这次　A　比赛　B　少　C　不　D　他。

(3) 还

　　A　我们　B　现在　C　去　D　来得及。

(4) 穿

　　外边　A　不　B　冷，C　用不着　D　大衣。

다음 보기에서 알맞은 단어를 골라 빈칸에 넣으세요.

来得及	买不起	免不了	说不上

(5) 两个人谈恋爱吵架是　　　　　的。

(6) 我还没　　　　　考虑结婚。

(7) 如果你　　　　　，我给你买吧。

(8) 他们俩的关系　　　　　很好。

다음을 중국어로 써 보세요.

1 이거 너무 비싸서, 나는 못 사겠어.

2 오늘 왜 이렇게 더운 거야? 정말 못 견디겠어. (受不了)

3 이거 마셔도 안 죽어. 기껏해야 포도주밖에 더 되니?

4 다른 사람한테 도와달랠 것까진 없어. (帮忙)

5 이런 일은 피할 수 없다. (꼭 있게 마련이다) (免不了)

6 그 사람은 누구라도 무시해.

7 오늘 표 사기는 틀렸다. (来不及)

8 지금 가도 안 늦어. (来得及)

 단어

受不了 shòubuliǎo 견딜 수 없다 | 帮忙 bāngmáng 일을 돕다, 도움 | 免不着 miǎnbuliǎo 피할 수 없다

Travel in Macau

마카오는 어떤 곳일까?

홍콩과 이웃한 마카오는 원래 중국 광둥의 샹산(香山)에 속했었는데, 포르투갈에 의해 점령되었다가 1999년에 중국으로 반환되었다. 마카오는 땅이 비좁은 반면 인구 밀도가 매우 높으며, 아직도 중국 표준어보다 광둥어와 포르투갈어의 사용 빈도가 높은 편이다. 포르투갈 점령 시절에 세워진 아름다운 지중해풍 건물과 중국식 유적이 한곳에 모여 있어 다채로운 느낌을 주며, 삼면이 바다로 둘러싸여 경치도 아름답다. 사계절 따뜻하고 쾌적한 해양성 기후라서 일 년 내내 여행하기 좋다.

작디작은 마카오에 많은 것이 3가지 있다. 첫째는 110 군데에 이르는 호텔로, 연평균 300만 명이 투숙한다. 둘째는 사원으로, 총 60여 곳이 있는데 쿤얌통(观音堂), 린퐁미우(莲峰庙), 마콕미우(妈阁庙) 등 3곳이 가장 크고 오래되었다. 셋째, 와인 박물관이나 그랑프리 박물관같이 작지만 특색 있는 박물관들이 많아서 아기자기한 문화 관광에 제격이다.

▲ 그랑프리 박물관

도박업은 마카오 경제의 중요한 기둥으로, 유명한 카지노인 리스보아 호텔(葡京大酒店)은 마카오의 상징적 건물이다. 또한 매년 11월이면 동양 최대의 모터 스포츠 행사인 마카오 그랑프리를 보기 위해 전세계 카레이스 팬들이 몰려들기도 한다.

마카오의 볼거리

세나도 광장 (议事亭前地, Largo do Senado Square)

시의회 건물인 릴 세나도(市政厅, Leal Senado) 앞에는 3,700m² 면적의 세나도 광장이 있다. 이 광장은 예쁜 파스텔톤의 포르투갈식 건물들로 둘러싸여 있고, 노면은 포르투갈에서 돌을 가져다가 설계한 물결 모양의 모자이크 타일로 포장되어 있다. 이 물결 무늬의 길은 릴 세나도가 있는 주 도로에서 유명한 성 바울 성당까지 이어져 있다. 양옆에 늘어선 전통 포르투갈 양식의 건물들 사이를 걷다 보면 마치 지중해 연안의 어느 도시에 와 있는 듯한 착각에 빠지게 된다. 세나도 광장이 시작되는 초입의 분수대는 약속 장소로도 애용되고 아이들의 장난감 자동차 경주장으로도 이용된다.

▼ 세나도 광장

성 바울 성당 유적 (조保祿教堂, Ruins Of St. Paul)

성 바울 성당은 17세기 초 이탈리아 예수회 선교사들에 의해 설계되었고, 종교 박해를 피해 나가사키에서 피난 온 일본인들에 의해 건축된 것으로 알려져 있다. 1835년 화재로 건물 정면과 계단, 일부 벽 및 지하실을 제외하고는 모두 소실되었는데, 남아 있는 벽면의 모양이 마치 중국 전통의 장식용 문인 패방(牌坊) 같다고 해서 광둥어로는 타이삼파 파이퐁(大三巴牌坊)이라 부르기도 한다.

이 성당은 질좋은 화강암으로 지어진 건물로서, 30여 개의 고대 그리스식 원형 돌기둥으로 구성되었고, 벽면의 조각상이 다양하고 매우 정교하며 서양 예술의 정취를 듬뿍 지니고 있다. 벽면을 감상하기에 가장 좋은 시간은 석양이 질 무렵이다. 왜냐하면 햇빛이 뚜렷하게 부조의 세밀한 부분까지 윤곽을 드러내 주기 때문이다.

벽면 뒤쪽의 성 바울 성당 지하에는 17세기의 종교 예술품, 순은 세공 십자가상 등이 소장되어 있는 천주교 박물관이 있다.

▲ 성 바울 성당 유적

▲ 기아 요새의 성당과 등대

기아 요새 (東望洋山, Guia Fortress)

마카오 동쪽에 우뚝 솟아 있는 기아 요새는 충산(松山)이라고도 부르며, 산 정상에 오르면 바다가 멀리 내다보인다. 산 꼭대기의 새하얀 등대는 중국 해안에서 가장 오래된 등대로, 포루투갈인에 의해 1865년에 세워졌으며, 지금은 관광지가 되었다.

등대 옆에는 1626년에 지어진 성당(조母雪地殿教堂, Chapel of Our Lady of Guia)이 있는데, 포르투갈 수도원의 특징을 고스란히 지닌 모습이 눈길을 끈다.

카지노 (Casino)

마카오에는 총 9개의 카지노가 마카오 정부의 감독하에 운영되고 있다. 그 중 가장 규모가 큰 것은 리스보아 호텔 카지노(葡京娛乐城, Casino Lisboa)로 일반인용 3개 층과 VIP용 특실을 갖추고 있다. 이 카지노는 외관이 거대한 새장을 닮았기 때문에, 사람들은 그 속에 들어가기만 하면 날개가 있어도 달아나지 못하는 처지가 된다고들 한다. 마카오 팰리스(澳门皇宫娛乐场, Casino Macau Palace)는 외항에 정박한 선상 카지노로서 독특한 분위기를 자아낸다.

일반적으로 관광객은 18세 이상, 마카오인은 21세 이상이어야 카지노에 입장할 수 있으며, 걸 수 있는 한도액은 게임에 따라 다르고 돈을 따면 보통 10%를 공제한 금액을 지급한다. 카지노의 공식 통용 화폐는 홍콩달러다.

memo

PART 09

是不是
她比你大?

그녀가 너보다 나이가 많니?

기본호호회

01

A : 你爱人比你大几岁？

B : 我爱人比我大三岁。

02

A : 你妈妈的病怎么样了？

B : 她的病比上星期好多了。

03

A : 冬天了，天气一天比一天冷了。

B : 你得多穿点儿衣服。

04

A : 谁跑得快？

B : 他跑得比我更快。

단어

爱人 àiren 남편, 아내 ｜ 比 bǐ ~보다 ｜ 大 dà (나이가) 많다 ｜ 几 jǐ 몇 ｜ 岁 suì ❶ 살, 세 ❷ 해, 세월 ｜ 好多了 hǎo duō le 많이 좋아지다 ｜ 天气 tiānqì 날씨 ｜ 一天比一天 yìtiān bǐ yìtiān 하루가 다르게, 점점 ｜ 冷 lěng 춥다 ｜ 得 děi ~해야만 한다 ｜ 多 duō 많이 ｜ 穿 chuān 입다 ｜ 点儿 diǎnr 약간 ｜ 跑 pǎo 달리다 ｜ 得 de 정도보어를 만들 때 쓰는 조사 ｜ 更 gèng 더욱

100

Track 02

▶ 개방적인 李珉의 어머니, 金小英의 나이가 많다는 사실에도 놀라지 않으신다.

李珉　妈，我想给你介绍一个人。

妈妈　谁呀？女朋友啊？

李珉　嗯，妈……

妈妈　怎么了？干吗，吞吞吐吐的……是不是她比你大？

李珉　……她比我大四岁呢。

妈妈　大就大吧。现在都什么时候了，还管它大不大呢？

李珉　妈，你真的没事儿啊？

妈妈　没事儿，只要你们俩喜欢，妈就无所谓了。

李珉　妈，你太好了。

단어

给 gěi ～에게 | 介绍 jièshào 소개하다 | 干吗 gàn má 어째서, 왜 | 吞吞吐吐 tūntūntǔtǔ 떠듬거리다, 우물쭈물하다, 횡설수설하다 | 都…了 dōu… le 벌써 ～가 되었다 | 还 hái 아직도, 또 | 管 guǎn 상관하다, 간섭하다 | 它 tā (지시대명사) 그것 | 真的 zhēnde 정말로, 참으로 | 没事儿 méishìr 괜찮다 | 只要… 就… zhǐyào… jiù… ～하기만 하면 바로 ～하다 | 喜欢 xǐhuan 좋아하다 | 无所谓 wúsuǒwèi 상관없다

1 비교문(比较句)(1)

비교문이란 사람과 사람을 서로 비교하든가 아니면 사물과 사물을 비교하는 문장을 말합니다. 비교문을 만들 때는 개사 '比'를 쓰고, 부사는 '更'과 '还' 두 가지만 씁니다. '很'은 비교문에 쓸 수 없습니다.

[기본 문형]

① '比'를 쓰는 비교문

두 부류의 사람·사물의 성질이나 정도의 차이를 비교합니다. 'A는 B보다 낫다'로 해석합니다.

A ＋ 比 ＋ B ＋ 술어

- 我比你高。
- 我爱人比我大三岁。
- 风比刚才小多了。
- 他比我多五块钱。
- 东东汉语比李娜学得好。
- 我比你更爱她。
- 这个更贵, 不买了。
- 这件毛衣比那件还好看。
- 他比我会唱歌。
- 我弟弟比你能说。
- 咱们比他们走得快。
- 周老师比我来得早。

② '不比'를 쓰는 비교문

'比'를 쓰는 비교문을 부정할 때 'A不比B…'의 형식을 씁니다. 'A不比B…'는 'B가 A보다 낫다'의 의미보다는 'A跟B差不多'의 'A와 B가 비슷하다'의 의미가 더 강합니다.

- 他不比我高。
  = 我比他高。(×)
  = 他跟我差不多高。(○)

2 수량보어(数量补语)

수량보어는 술어 뒤에서 사람이나 사물의 '키, 나이, 길이, 높이, 넓이, 깊이' 등을 나타내는 보어입니다. 비교문에 많이 쓰이며, 시량보어와 동량보어도 넓은 의미로 수량보어에 포함시킵니다.

① A ＋ 比 ＋ B ＋ 술어 ＋ 구체적인 수량보어
  · 我比他大一岁。
  · 我比弟弟少买了一本。
  · 黄瓜比西红柿便宜一毛。
  · 他比我早来一天。

② A ＋ 比 ＋ B ＋ 술어 ＋ 一点儿/一些
  대체적인 차이를 나타낼 때는 '一点儿/一些'를 써서 차이가 크지 않음을 설명하며, 때로는 정도보어 '多'를 써서 차이가 크다는 것을 나타내기도 합니다.
  · 这个钱包比那个贵一点儿。
  · 他妹妹比他强多了。
  · 他比我起得早一些。

3 一天比一天 / 一年比一年

'날이 갈수록', '해가 갈수록'이라는 표현입니다. 부사어로 쓰여 시간의 추이에 따라, 상황이 변화해 감을 표현합니다. 동사/형용사 술어 앞에 위치하는 것에 주의해야 합니다.
  · 他学习一天比一天有进步。
  · 要学的语法一天比一天多。
  · 我们的生活真是一年比一年好了。

黄瓜 huángguā 오이 ｜ 西红柿 xīhóngshì 토마토 ｜ 钱包 qiánbāo 돈지갑, 돈가방 ｜ 进步 jìnbù 진보(하다)

Track 03

두 사람의 대화를 듣고 질문에 맞는 답을 찾으세요.

1 A ▨▨▨▨▨▨ B ▨▨▨▨▨▨

A 一天比一天热
C 一天比一天冷

B 一天比一天暖和
D 今年比去年冷得多

2 A ▨▨▨▨▨▨ B ▨▨▨▨▨▨

A 16块
C 20块

B 18块
D 22块

3 A ▨▨▨▨▨▨ B ▨▨▨▨▨▨

A 19岁
C 21岁

B 20岁
D 22岁

4 A ▨▨▨▨▨▨ B ▨▨▨▨▨▨

A 6：00   B 6：30   C 7：00   D 7：30

5 A ▨▨▨▨▨▨ B ▨▨▨▨▨▨

A 她妈妈的病很严重
C 她妈妈的病不比以前好

B 她妈妈的病一天比一天好
D 她的妈妈已经死了

다음 문장을 읽고 대화를 완성하세요.

小英家有五口人：爸爸、妈妈、两个哥哥和她。小英的爸爸五十岁，是个厨师。妈妈比他大一岁。爸爸在北京饭店工作，从家里出来走十分钟就能到。妈妈在东直门医院工作，坐车要坐半个小时。大哥是公司职员，他是去年大学毕业的。他比小英大五岁。二哥是大学生，今年二十一岁，在北京大学学经济。他比小英大三岁。小英是高中生，小英想毕业以后去美国留学。

（1）Ⓐ　小英的妈妈今年多大年纪？

　　Ⓑ　小英的妈妈今年　　　　　　　　。

（2）Ⓐ　小英的爸爸怎么去工作？

　　Ⓑ　小英的爸爸　　　　　　　　。

（3）Ⓐ　小英的二哥学什么？

　　Ⓑ　小英的二哥学　　　　　　。

（4）Ⓐ　小英的大哥今年多大？

　　Ⓑ　小英的大哥今年　　　　　　。

厨师 chúshī 요리사 ｜ 职员 zhíyuán 직원, 사무원 ｜ 经济 jīngjì 경제 ｜ 留学 liúxué 유학(하다)

다음 단어에 맞는 자리를 찾아 주세요.

(1) 更

   A 我　B 比　C 她　D 漂亮。

(2) 比

   A 他　B 他弟弟　C 高　D 一点儿。

(3) 多

   要学的词语　A 一天　B 比　C 一天　D。

(4) 真是

   我们的生活　A 一年　B 比　C 一年　D 好了。

(5) 还

   A 这件衣服　B 比　C 那件　D 贵。

다음 보기에서 알맞은 단어를 골라 빈칸에 넣으세요.

了　　早　　一点儿　　一天比一天　　比

(6) 他学习 ________ 有进步。

(7) 我参加工作不 ________ 他晚。

(8) 他比我多买 ________ 一些。

(9) 他车开得比我快 ________。

(10) 他比我 ________ 来一天。

다음을 중국어로 써 보세요.

1 제가 당신보다 그녀를 훨씬 더 사랑합니다. (更)

2 그 사람은 저와 키가 비슷합니다. (不比)

3 오이가 토마토보다 一毛 쌉니다.

4 배워야 할 어법이 점점 더 많아지고 있습니다. (一天比一天)

5 네 남동생은 여동생보다 몇 살 많니?

6 우리의 형편은 정말이지 일 년이 다르게 나아지고 있습니다.

7 그의 중국어 실력은 동동보다 못하지 않아. (동동과 비슷해)

8 이 사람은 저 사람보다 젊습니다. (年轻)

9 그 친구가 저보다 네 살 많아요.

10 이 지갑은 저것보다 조금 비쌉니다. (钱包)

단어

生活 shēnghuó 생활(하다) | 年轻 niánqīng 젊다 | 钱包 qiánbāo 돈지갑, 돈가방

자전거 수리

车胎 chētāi
(차의) 타이어

自行车修理铺 zìxíngchē xiūlǐpù
자전거 수리점

打气 dǎqì
바람을 (집어)넣다

故障 gùzhàng
(기계 따위의) 고장

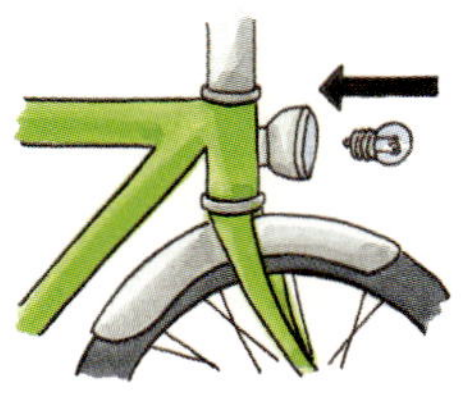

车灯 chēdēng
전조등

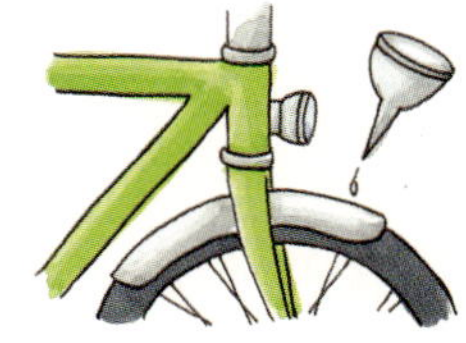

上油 shàngyóu
(기름을) 바르다, 치다

付 fù
지불하다

PART 10

他们演得不如广告做得好。

공연은 광고만큼 거창하지 않았습니다.

기본회화

01

A : 这件毛衣跟那件一样吗？

B : 这件毛衣跟那件不一样。

02

A : 你妹妹起得早吗？

B : 她起得没有我早。

03

A : 他英语说得怎么样？

B : 他英语不如你说得好。

04

A : 别走了，雨越来越大了。

B : 不行，今天晚上我还有急事儿。

단어

件 jiàn (옷의 양사) 벌 | 跟 gēn ~와 | 一样 yíyàng 같다 | 不一样 bù yíyàng 다르다 | 起 qǐ 일어나다 | 得 de 정도보어를 만들 때 쓰는 구조조사 | 不如 bùrú ~만 못하다, ~하는 편이 낫다 | 越来越… yuèláiyuè… 점점, 더욱더 | 行 xíng 괜찮다 | 急事儿 jíshìr 급한 일

상황 회화

▶ 李娜와 东东이 콘서트를 보고 와서 설전이 벌어지는데 옆에 있던 친구만 고래 싸움에 새우 등 터지는 격이 되고 만다.

同学	你看，今天演得怎么样？
李娜	没有我想像的好。
同学	怎么了？
李娜	他们演得不如广告做得好。
东东	我觉得他们演得比想像的还好！
同学	到底谁说得对呢？
李娜	想知道你也去看吧。你去看肯定会失望的。
东东	没有，你去看肯定会满意的。
同学	好了，好了，别吵了。

단어

演 yǎn 공연하다, 연기하다 | 没有 méiyǒu ~만 못하다, ~에 못 미치다 | 想像 xiǎngxiàng 상상(하다) | 广告 guǎnggào 광고, 선전 | 觉得 juéde ~라고 느끼다 | 还 hái 더, 더욱 | 到底 dàodǐ 도대체 | 肯定 kěndìng 틀림없다, 명확하다 | 会…的 huì…de ~할 것이다 | 失望 shīwàng 실망하다 | 满意 mǎnyì 만족하다 | 吵 chǎo 말다툼하다, 입씨름하다

111

1 비교문(比较句) (2)

① 跟
두 부류의 사람이나 사물의 '같은 점'과 '다른 점'을 비교합니다.

> A ＋ 跟 ＋ B ＋ 一样/不一样　　'A는 B와 같다 / 다르다'

- 他的手表跟你的一样。
- 我的意见跟他的不一样。(＝不同)
- 这件衣服的颜色跟那件(的)不一样。
- 他借的书跟我借的一样好看。
- 他跑得快极了，跟飞一样。
- 今年大米的产量跟去年的一样多。

② 像
두 부류의 사람이나 사물이 서로 닮았는지 여부를 비교합니다.

> A ＋ 像/不像 ＋ B ＋ 这么/那么 ＋ 비교 내용　'A는 B처럼 그렇게(이렇게) ~하다/하지 않다'

- 她像她妈妈那么漂亮。
- 他的发音像小王的发音那么清楚。
- 王明不像李珉那么喜欢踢足球。
- 妹妹不像弟弟那么爱玩儿。

③ 有
두 부류의 사람이나 사물이 어떤 방면에서 비슷한지를 비교합니다.

> A ＋ 有 ＋ B ＋ 这么/那么 ＋ 비교 내용　'A는 B만큼 ~하다'

- 他有我这么高。
- 这个班的学生有那个班的学生那么多。
- 他家的游泳池有我家的这么大。

④ 没有

열등 비교를 하는 형식입니다.

> **A + 没有 + B + 这么/那么 + 비교 내용**　'A는 B만큼 ~하지 못하다'

- 他没有我这么帅。
- 北京的冬天没有哈尔滨那么冷。

⑤ 不如

어떤 사람이나 사물이 다른 한 사람이나 사물보다 못함을 비교합니다. 열등 비교를 하는
구문입니다.

> **A + 不如 + B + 비교 내용**　'A는 B만 못하다'

- 他翻译的句子不如你翻译的句子准确。
- 那个公园不如这个公园这么安静。
- 他不如她法语说得流利。
- 我写的汉字不如他写的好看。
- 这么热的天还工作啊！不如去海滨玩儿吧。

⑥ 越来越　　갈수록 ~해지다

시간의 변화에 따라 정도가 심해짐을 표현합니다.

- 学习汉语的人越来越多了。
- 车开得越来越快了。
- 人们的生活水平越来越高了。

⑦ 越A 越B　　A할수록 B의 정도가 심화하다

A의 증가에 따라 B의 정도도 증가됨을 표현합니다.

- 风越刮越大。
- 大家越是劝，她越是哭。

단어

颜色 yánsè 색, 색채	产量 chǎnliàng 생산량	清楚 qīngchu 분명하다, 명백하다	踢 tī 차다
哈尔滨 Hā'ěrbīn 하얼빈	准确 zhǔnquè 확실하다	海滨 hǎibīn 해안, 해변	劝 quàn 충고하다

Track 07

두 사람의 대화를 듣고 질문에 맞는 답을 찾으세요.

1 Ⓐ   Ⓑ

A 不太好   B 很好
C 不高兴   D 不知道

2 Ⓐ   Ⓑ

A 下班晚了   B 在路上肚子疼
C 因为她走回来   D 在路上堵车

3 Ⓐ   Ⓑ

A 买便宜的   B 贵的毛衣好
C 这儿都是便宜的   D 去哪儿买

4 Ⓐ   Ⓑ

A 28岁   B 29岁
C 30岁   D 31岁

5 Ⓐ   Ⓑ

A 东东   B 李珉   C 王明   D 李娜

다음 문장을 읽고 대화를 완성하세요.

> 虽然今天是星期天，但我早早儿地起来去洗了个桑拿，回来打扮打扮出去见她了。我们先看电影，然后吃自助餐，再去公园散散步。秋天嘛，风吹得真舒服。我们走着走着累了，就决定休息一会儿。我们在大树下的长凳上坐着。我轻轻地抱着她的肩膀，看着她的眼睛，她也害羞地看着我的眼睛。我们俩的距离越来越近，我快要亲她的时候，有个女人大声喊到："喂，孩子，快起来去上班！"

(1) Ⓐ 说话人为什么起得早？

  Ⓑ ＿＿＿＿＿＿＿＿起得早。

(2) Ⓐ 今天他们做什么事情？

  Ⓑ 今天他们＿＿＿＿＿＿＿＿＿＿＿。

(3) Ⓐ 现在是哪一季节？

  Ⓑ 现在是＿＿＿＿＿。

(4) Ⓐ 他们在哪儿坐着休息？

  Ⓑ 他们＿＿＿＿＿＿坐着休息。

단어

桑拿 sāngná 사우나 ｜ 害羞 hàixiū 수줍어하다 ｜ 自助餐 zìzhùcān 뷔페 ｜ 舒服 shūfu (육체나 정신이) 편하다, 안락하다 ｜ 肩膀 jiānbǎng 어깨 ｜ 亲 qīn 입을 맞추다, 키스하다 ｜ 喊 hǎn 외치다, 큰 소리로 부르다

다음 단어에 맞는 자리를 찾아 주세요.

(1) 不知

　　A　为什么　B　她　C　越来越　D　瘦。

(2) 没有

　　我妹妹起　A　得　B　我　C　早　D。

(3) 不

　　A　看电视　B　如　C　看电影　D　有意思。

(4) 像

　　她　A　她妈妈　B　那么　C　漂亮　D。

(5) 跟

　　他的　A　手表　B　你　C　的　D　一样。

다음 보기에서 알맞은 단어를 골라 빈칸에 넣으세요.

没有　　跟　　像　　越来越　　不如

(6) 今天 ________ 昨天那么热。

(7) 这件衣服 ________ 那件衣服脏。

(8) 他汉语 ________ 你说得流利。

(9) 他的爱好 ________ 我的差不多。

(10) 人们的生活水平 ________ 高了。

다음을 중국어로 써 보세요.

1 그 사람은 나만큼 멋지지 않아요.   (帅)

2 중국어를 공부하는 사람들이 갈수록 늘고 있습니다.   (越来越…)

3 그 사람이 빌린 책은 내가 빌린 책만큼 재미있습니다.

4 그녀는 자기 어머니처럼 그렇게 예쁩니다.   (漂亮)

5 네가 그 사람보다 어려.   (没有)

6 이 스웨터는 저것과 다릅니다.

7 이 교실은 저 교실만큼 큽니다.

8 비가 갈수록 많이 내립니다.   (越…越…)

9 그의 의견은 나와 같지 않습니다.   (意见)

10 텔레비전 시청은 영화 관람보다 재미가 없습니다.   (不如)

단어

帅 shuài 멋지다, 스마트하다 ｜ 漂亮 piàoliang （용도·의복·색채 따위가) 아름답다, 보기좋다 ｜ 意见 yìjiàn 의견

쿤밍은 어떤 곳일까?

중국 서남부에 있는 윈난성(云南省)의 성도인 쿤밍은 해발 1,900m의 고원 지대에 위치해 있으며, 삼면이 산으로 둘러싸여 있고, 나머지 한 면은 호수와 닿아 있어 자연 경관이 무척 아름답다. 쿤밍은 쾌적하고 살기 좋은 기후로도 유명한데, 연평균 기온이 16℃로 겨울에는 춥지 않고 여름에는 덥지 않아 '봄의 도시(春城)'로 불린다. 일찍이 명나라 때의 문학가 양신(杨慎)은 쿤밍에 대해 '날씨는 늘 이삼월 같고, 꽃이

▼ 스린

끊임없이 피어서 사계절 내내 봄 같다'고 표현하기도 했다. 쿤밍의 이런 기후와 자연 경관은 종종 스위스의 제네바와 비교된다. 윈난성은 인구의 33.4%가 소수민족이며 태족(傣族), 백족(白族), 합니족(哈尼族) 등 26개 민족이 살고 있어서 마치 소수민족 전시장 같은 느낌을 준다. 물론 대도시인 쿤밍 시내에서는 이런 특징을 찾아보기 힘들지만 윈난민쭈춘(云南民族村) 등에서 다양한 소수민족의 전통 문화를 접할 수 있다. 쿤밍에서 가장 번화한 지역은 둥펑루(东风路)다.

▲ 쿤밍의 특산물 보이차

 쿤밍의 볼거리 1

추이후 (翠湖, 취호)

추이후는 위안퉁쓰(圆通寺)에서 가까운 곳에 있는 호수인데, 호수 내에 아홉 군데의 샘물이 있어 '주룽츠(九龙池)'라고도 한다. 호숫가에는 푸른 버들이 늘어져 하늘거리고, 호수 위가 연꽃으로 뒤덮여 있어 매우 아름답다. 호수 주위에는 하이신팅(海心亭), 롄화찬위안(莲花禅院), 롼디싼차오(阮堤三桥) 등의 볼거리가 있으며, 전체가 하나의 공원으로 조성되어 있다. 매년 늦가을이면 멀리 시베리아 등지에서 날아와 겨울을 보내는 붉은부리갈매기가 호수 위를 날아다니며 또 하나의 볼거리를 제공하고 있다.

▼ 추이후

위안퉁쓰 (圓通寺, 원통사)

▲ 위안퉁쓰의 팔각정

쿤밍 시내 동북쪽의 위안퉁산(圓通山) 기슭에 있는 위안퉁쓰는 쿤밍에서 가장 큰 사찰이다. 이 절은 당나라 때 창건된 이래 여러 차례 개축되었는데, 보통 입구에서 안쪽으로 들어갈수록 점점 높아지는 다른 절들과는 달리 특이하게도 입구에서 안쪽으로 걸어 들어갈수록 점점 낮아지는 식으로 건물들이 배치되어 있다. 절에서 가장 낮은 곳에 위치해 있는 대웅보전은 황금색 유리기와를 얹어서 화려한 느낌을 주며, 그 밖에 '圓通勝境'이라고 쓰여진 문과 연못 한가운데 지어진 팔각정 등이 볼 만하다.

▲ 위안퉁쓰의 화려한 불상

절 뒤쪽의 위안퉁산은 바위들이 배배 틀린 기괴한 모양을 하고 있어서 뤄펑산(螺峰山)이라고도 불리며, 산 위에 올라가면 쿤밍 시내의 전경이 한눈에 내려다보인다.

윈난성 보우관 (云南省博物馆, 운남성 박물관)

윈난성 보우관은 윈난성에서 유일한 종합 박물관으로 쿤밍시의 둥펑시루(东风西路)에 위치해 있다. 박물관 내에는 윈난성의 역사, 자연 자원, 민족 풍물에 관한 자료 10만여 점이 소장되어 있는데, 그 가운데 소수민족의 건축물과 의복, 공예품 등이 가장 눈길을 끈다. 전시관을 다 둘러보려면 적어도 한나절이 걸린다.

진뎬 (金殿, 금전)

'퉁와쓰(铜瓦寺)'라고도 불리는 진뎬은 시내 동북쪽의 교외에 위치해 있다. 건물 전체가 윈난에서 생산된 정련된 구리로 제작되었는데, 높이가 6.7m, 가로세로가 각각 7.8m로 무게가 약 250t에 달하는 중국 최대의 구리 전각이다.

진뎬 근처에는 면적이 약 30만m²에 달하는 쿤밍 위안린 즈우위안(昆明园林植物园, 곤명 원림 식물원)이 있다. 이 식물원에는 면적이 20만m²가 넘는 동백꽃 화원이 있는데, 여러 종류의 동백꽃이 심어져 있어 해마다 봄이 오면 동백꽃이 만발한다.

▼ 진뎬

Track 08

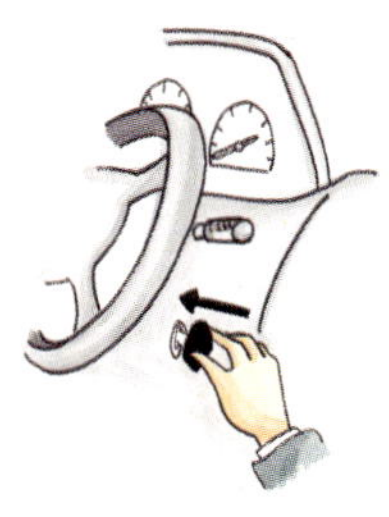

插 chā
끼우다, 삽입하다

发动 fādòng
시동을 걸다

安全带 ānquándài
안전벨트

后视镜 hòushìjìng
백미러

加速 jiāsù
속도를 내다

停车场 tíngchēchǎng
주차장

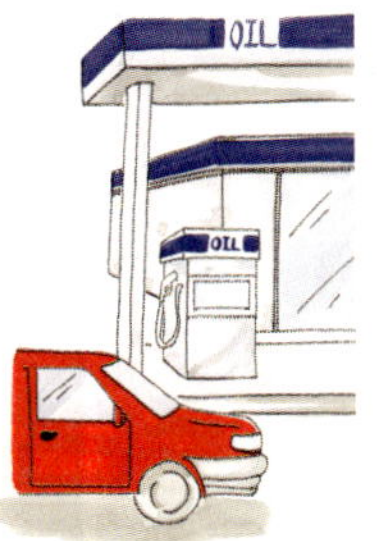

加油站 jiāyóuzhàn
주유소

汽油 qìyóu
휘발유

PART 11

请把门关上。

문 좀 닫아주세요.

학습목표

동사 술어문의 일종으로 동작이 어떤 사물이나
사람에 대해 처치를 하거나 처치한 결과를 강조
할 때 쓰는 처치문(把字句)에 대해 알아봅니다.

기본 회화

01

A: 今天真倒霉！我把钱包丢了。

B: 是吗？在哪儿啊？

02

A: 你把我的摩托车骑走了吧？

B: 没有。东东把它骑走了。

03

A: 外边很冷，你把大衣穿上吧。

B: 好的。你把大衣递给我好吗？

04

A: 你应该把他带回来才对。

B: 人家不肯来我也没办法呀。

단어

倒霉 dǎoméi 재수없는 일을 당하다 ｜ 把 bǎ (개사) ~를 ｜ 丢 diū 잃어버리다 ｜ 摩托车 mótuōchē 오토바이 ｜ 骑 qí 타다 ｜ 走 zǒu (결과보어) 가다 ｜ 大衣 dàyī 코트 ｜ 上 shàng (결과보어)고정시키다 ｜ 吧 ba ~하세요 ｜ 递 dì 건네다 ｜ 给 gěi (결과보어) 주다 ｜ 应该 yīnggāi 마땅히 ~해야한다 ｜ 带 dài 휴대하다, 데리고 가다 ｜ 回来 huílái 돌아오다 ｜ 才 cái 비로소 ｜ 人家 rénjia 자기 자신, 남, 제3자 ｜ 肯 kěn 기꺼이 ~하려고 하다 ｜ 没办法 méi bànfǎ 방법이 없다, 어쩔 수 없다

상황 회화

Track 10

➥ 약간 덜렁이 기질이 있는 金小英, 택시 안에 휴대폰을 놓고 내렸네요.

金小英 今天真倒霉，我把手机丢了。

李珉 你把它放在哪儿了？

金小英 我刚才坐出租汽车，车上还用了一次，下车后看就不见了。

李珉 你打你的手机看看。

金小英 我已经打了好几次，没有人接。

李珉 那怎么办？

金小英 再买一部吧。

李珉 啊，对了！我家里有一部旧的，你要不要？

金小英 你想给我？那太感谢你了！

李珉 没什么，那我明天把它带来吧。

단어

手机 shǒujī 휴대폰 | 放 fàng 놓다 | 刚才 gāngcái 방금 | 出租汽车 chūzū qìchē 택시 | 车上 chēshang 차에 | 下车 xiàchē 차에서 내리다 | 不见了 bújiànle 안 보이다, 없어지다 | 打 dǎ (전화) 걸다, (차를) 잡다 | 好 hǎo (수량사나 시간을 나타내는 말 앞에 쓰여) 많거나 오래됐음을 나타냄 | 几次 jǐcì 몇 번 | 接 jiē 받다, 마중하다 | 买 mǎi 사다 | 部 bù (휴대폰·소설 등의) 양사 | 家里 jiāli 집안 | 旧 jiù 낡다, 오래되다 | 感谢 gǎnxiè 감사하다 | 没什么 méishénme 별거 아니다, 괜찮다

1 처치문(把字句) (1)

처치문이란 동사 술어문의 특수 형태로, 어떠한 동작 대상에 대해 '처치'나 '영향'을 미쳐 그에 상응하는 '결과'를 강조할 때 씁니다.

[기본 문형]

> 주어 + 把 + 목적어 + 동사 + 기타
> 처치를 받는 사람·사물   동태조사 了, 着
>   결과보어 在, 到, 成, 给
>   방향보어·정도보어·수량보어 등

- 他把录音机带回来了。
- 东东把黑板擦干净了。
- 你把果皮扔进垃圾箱里。
- 他把这本小说看了两遍。
- 这件衣服太脏了, 快把它洗干净。

① 처치문에 부사어가 나오면 '把' 앞에 위치합니다.

- 小孟从书包里把电影票拿出来了。
- 李娜在宿舍里把新课预习好了。
- 我上午要把这篇文章翻译完。
- 人们都把他叫做睡猪。

② 처치나 영향을 받는 목적어는 '특정한 것'이어야 합니다.

- 我们把那只鸡吃了。(○)
- 我们把一只鸡吃了。(×)

③ 처치문의 부정문은 '把' 앞에 부정부사 '不'나 '没'를 써서 만듭니다. '没'로 부정할 때는 "~에 대해 어떠한 조치를 취하지 않았다"로 해석하면 되고, '不'로 부정할 때는 '가정'의 뜻을 나타내거나, 보통 어떤 사물이나 사람에 대해 '처치'나 '조치'할 준비가 되어 있지 않을 때 씁니다.

- 我同屋没把收音机弄坏。

· 她没把你的钱偷走。

· 青青不把练习做完，不休息。

· 你为什么不把你的意见说出来？

④ 처치문에는 술어동사 뒤에 결과를 나타내는 기타 성분이 붙는데, 이때 동태조사 '过'
와 가능보어는 쓸 수가 없습니다. 이유는 가능보어는 단순히 가능만을 나타낼 뿐 결과
를 나타내지 않기 때문입니다. 처치문의 기타 성분으로 올 수 있는 보어는 결과보어, 방
향보어, 정도보어, 수량보어 등입니다.

· 他把我的钱包偷过。(×)

· 他把练习做不了。(×)

· 他能把练习做完。(○)

· 你把他的东西搬出去吧。(○)

⑤ 처치문에 쓰이는 동사는 반드시 '처치' 나 '영향' 을 미치는 타동사여야 하기 때문에 감
각 · 인지 · 존재 · 방향 · 신체 상태 · 심리 상태 등을 나타내는 동사는 처치문에 쓸 수 없
습니다.

· 你把毛衣穿上吧。

· 她把英文杂志借走了。

· 我弟弟把窗户关上了。

黑板 hēibǎn 칠판 | 擦 cā 닦다, 문지르다 | 果皮 guǒpí 과일 껍질 | 扔 rēng ❶ 던지다
❷ 내버리다 | 垃圾箱 lājīxiāng 쓰레기통 | 脏 zāng 더럽다 | 偷 tōu 훔치다, 도둑질하다

HSK 听力

두 사람의 대화를 듣고 질문에 맞는 답을 찾으세요.

1 Ⓐ ⬜⬜⬜⬜ Ⓑ ⬜⬜⬜⬜

A 小英   B 王明   C 东东   D 李娜

2 Ⓐ ⬜⬜⬜⬜ Ⓑ ⬜⬜⬜⬜

A 朋友   B 妹妹
C 哥哥   D 姐姐

3 Ⓐ ⬜⬜⬜⬜ Ⓑ ⬜⬜⬜⬜

A 看电影很有意思   B 看什么电影
C 看电影没意思   D 明天去看电影

4 Ⓐ ⬜⬜⬜⬜ Ⓑ ⬜⬜⬜⬜

A 衣柜里   B 饭桌上
C 床上   D 书包里

5 Ⓐ ⬜⬜⬜⬜ Ⓑ ⬜⬜⬜⬜

A 没有钱   B 100块
C 50块   D 200块

다음 문장을 읽고 대화를 완성하세요.

小英跟李珉说好，今天去他家做客。小英想穿最好看的衣服去他家。李珉说五点半在学校门口等她，现在已经四点多了。小英很着急，她想快点儿把连衣裙找出来。小英把衣柜打开，把里边的衣服都拿出来放在床上一件一件地看，还是没找到。奇怪，到底哪儿去了呢？她想了半天，忽然想起来了。上星期她把连衣裙送到洗衣店去了。她赶快跑去洗衣店，可今天他们休息了。这样，小英只能穿着牛仔裤出去了。

（1）Ⓐ　小英今天去谁的家？

　　　Ⓑ　小英今天去　　　　　　　的家。

（2）Ⓐ　他们在哪儿见面？

　　　Ⓑ　他们在　　　　　　　见面。

（3）Ⓐ　小英的连衣裙在哪儿？

　　　Ⓑ　小英的连衣裙在　　　　　　　。

（4）Ⓐ　今天洗衣店开了门没有？

　　　Ⓑ　今天洗衣店　　　　　　　。

단어

着急 zháojí 조급해하다, 초조해하다 ｜ 忽然 hūrán 갑자기, 돌연 ｜ 连衣裙 liányīqún 원피스 ｜ 衣柜 yīguì 장롱, 옷장 ｜ 奇怪 qíguài ❶ 괴상하다 ❷ 이상히 여기다 ｜ 到底 dàodǐ ❶ 도대체 ❷ 마침내, 결국 ｜ 洗衣店 xǐyīdiàn 세탁소

다음 단어에 맞는 자리를 찾아 주세요.

(1) 了

弟弟把妈妈给　A　的零花钱　B　花　C　光　D。

(2) 能

我　A　怎么　B　吃　C　你的蛋糕　D　呢？

(3) 把

你　A　为什么　B　不　C　你的意见　D　说出来？

(4) 快

你　A　把　B　门　C　打开　D　吧。

(5) 没

A　东东　B　把　C　书包里的书　D　拿出。

다음 보기에서 알맞은 단어를 골라 빈칸에 넣으세요.

把　　没　　应该　　不　　那

(6) 我们把 ___ 只鸡吃了。

(7) 你 ___ 把他带回来。

(8) 我 ___ 苹果吃了。

(9) 你为什么 ___ 把你的意见说出来？

(10) 我同屋 ___ 把收音机弄坏。

다음을 중국어로 써 보세요.

1 그 사람은 이 소설을 두 번 읽었습니다.

2 저는 오전에 이 글의 번역을 끝낼 생각입니다. (翻译)

3 그녀가 제 중국어 책을 가져 갔습니다.

4 너 스웨터를 입어.

5 그는 답신을 가져오지 않았습니다. (回信)

6 그 사람은 연습 문제를 다 풀었습니다.

7 너 빨리 문 좀 열어.

8 저는 엄마가 준 용돈를 다 써 버렸습니다.   (光)

9 우리는 그 닭을 먹었습니다.

10 나는 그녀에게 선물을 주고 싶지 않아.

단어

翻译 fānyi 번역(하다) ｜ 回信 huíxìn ❶ 답장하다 ❷ 답신, 답장 ｜ 零花钱 línghuāqián 용돈 ｜ 光 guāng 조금도 남지 않다, 전혀(아무것도) 없다

开机 kāi jī
컴퓨터를 켜다

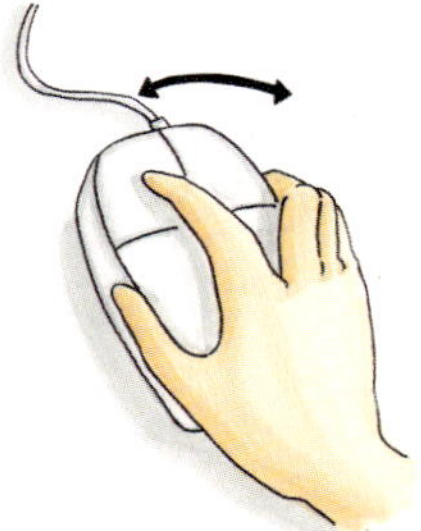

鼠标 shǔbiāo
마우스

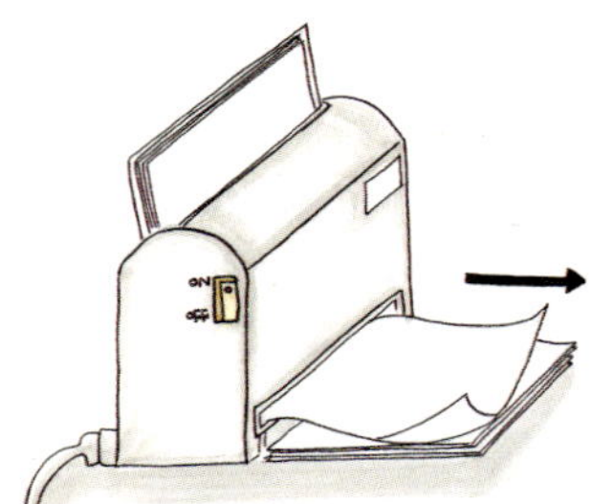

打印 dǎyìn
출력하다

网(络) wǎng(luò)
인터넷

信箱 xìnxiāng
이메일 박스

电子邮件 diànzǐ yóujiàn
이메일

下载 xiàzǎi
다운받다

你把床
放在这儿吧。

침대는 이쪽에 놓아 주세요.

학습목표

1 반드시 처치문(把字句)을 써야 하는 문장에
  대해 알아봅시다.
2 일반 동사 술어문과 처치문(把字句)의 차이
  점에 대해 알아봅니다.

기본호화

Track **13**

01

A : 老公，你回来了？伞呢？

B : 老婆，我把伞忘在车上了。

02

A : 你能把这句话翻译成中文吗？

B : 可以。你给我一个小时的时间就OK了。

03

A : 你把那本书还给我好吗？

B : 好，我明天就还给你。

04

A : 小李，我的桌子呢？

B : 部长，老板把你的桌子搬到外边儿去了。

단어

老公 lǎogōng ❶ 여보 (남편을 부를 때) ❷ 늙은이, 노인 ｜ 回来 huílái 돌아오다 ｜ 伞 sǎn 우산 ｜ 老婆 lǎopo 여보 (아내를 부를 때) ｜ 忘 wàng 잊다 ｜ 在 zài ~에 있다 ｜ 车上 chēshang 차 안에 ｜ 能 néng ~할 수 있다 ｜ 把 bǎ (개사) ~을/를 ｜ 句 jù (말의 양사) 마디 ｜ 翻译 fānyi 번역하다, 통역하다 ｜ 成 chéng ❶ 이루다, 완성하다 ❷ ~으로 되다/변하다 ｜ 还 huán 돌려주다 ｜ 桌子 zhuōzi 책상 ｜ 部长 bùzhǎng 부장 ｜ 老板 lǎobǎn 사장 ｜ 搬 bān 이사하다, 옮기다 ｜ 到 dào 결과보어) ~에 도착하다, ~에 이르다

상황 회화

Track 14

▶ 金小英이 이사(搬家)한 날, 李珉과 王明이 와서 도와주고 있습니다.

金小英	李珉！你把冰箱放在饭桌旁边好吗？
李珉	好的。那洗衣机呢？搬到哪儿呢？
金小英	你们把洗衣机搬到阳台上就好了。
王明	这幅画呢，挂在哪儿啊？
金小英	这幅画是要送人的。
王明	你要把这幅画送给谁呢？
金小英	这是秘密！
李珉	是不是想送给我？
金小英	李同志！别自作多情啦！

단어

冰箱 bīngxiāng ❶ 냉장고 ❷ 아이스박스 ｜ 放 fàng 놓다 ｜ 饭桌 fànzhuō 식탁 ｜ 洗衣机 xǐyījī 세탁기 ｜ 阳台 yángtái 베란다 ｜ 幅 fú (옷감이나 종이 따위의 양사) 폭, 넓이 ｜ 画 huà ❶ 그림 ❷ (그림을) 그리다 ｜ 挂 guà 걸다, 매달다 ｜ 要 yào ~하려고 하다 ｜ 送人 sòngrén 남에게 선물하다, 보내다 ｜ 给 gěi 주다 ｜ 秘密 mìmì ❶ 비밀 ❷ 비밀스럽다 ｜ 同志 tóngzhì 동지 ｜ 自作多情 zìzuò duōqíng 김칫국부터 마시다 ｜ 啦 la 어기조사 '了'의 변형 (감탄의 어감을 포함함)

1 처치문(把字句) (2)

다음과 같은 경우에는 반드시 처치문(把字句)을 써야 합니다.

① 동사 '在'가 결과보어로 쓰여 뒤에 <u>장소를 나타내는 목적어</u>를 동반할 때
- 你把衣服挂在柜子里吧。
- 你把自行车放在这儿吧。

② 동사 '到'가 결과보어로 쓰여 뒤에 <u>장소를 나타내는 목적어</u>를 동반할 때
- 我们要把这些椅子搬到二楼。
- 他把箱子送到我这儿了。

③ 동사 '成'가 결과보어로 쓰여 뒤에 <u>결과를 나타내는 목적어</u>를 동반할 때
- 小张把"大"写成"太"了。
- 赵总想把美元换成人民币。

④ 동사 '给'가 결과보어로 쓰여 뒤에 <u>대상을 나타내는 목적어</u>를 동반할 때
- 他把自己的自行车送给我了。
- 我把试卷交给老师了。

⑤ 동사 술어 뒤에 복합 방향보어와 <u>장소를 나타내는 목적어</u>를 동반할 때
- 妈妈把弟弟带进屋里来了。
- 我把他送回家去了。

[처치문의 특수한 형태]
주로 회화에서 자주 쓰는 표현으로, 처치문의 술어 동사 앞에 '给'를 쓰는 표현이 있습니다. 여기서 '给'는 강조의 작용을 합니다.

주어 + 把 + 목적어 + (给) + 동사 + 기타 성분

- 他把你拜托的事情给忘了。
- 师傅把自行车给修好了。

처치문은 연동문·겸어문 등과 같이 써서 복잡한 문장을 만들기도 합니다.

· 他去机场把中国客人接回来了。
· 爸爸让我去火车站把表哥接回来。
· 我们有信心把这项工作做好。
· 你就让我把话说完吧。

2 일반 동사 술어문과 처치문(把字句)

일반 동사 술어문은 주어가 단순히 어떠한 동작을 했다는 것만 설명하지만, 처치문 '把字句' 에서는 주어가 목적어에 어떠한 '처치' 나 '영향' 을 미쳐 모종의 '결과' 가 발생했음을 설명합니다.

· 我们吃了那只鸡腿。
· 我们把那只鸡腿吃了。
· 这件衣服她洗干净了。
· 她把这件衣服洗干净了。

단어

挂 guà ❶ (고리·못 따위에) 걸다 ❷ 전화를 끊다 ┃ 柜子 guìzi (옷이나 서류 따위를 넣어 두는)장, 찬장 ┃ 换 huàn 교환하다, 바꾸다 ┃ 试卷 shìjuàn 시험: 답안 ┃ 拜托 bàituō 삼가 부탁드립니다 ┃ 项 xiàng (양사) 항목, 조항, 가지, 항 ┃ 信心 xìnxīn 자신, 확신, 신념

HSK 听力

두 사람의 대화를 듣고 질문에 맞는 답을 찾으세요.

1 Ⓐ   Ⓑ

A 王明   B 小英   C 李珉   D 东东

2 Ⓐ   Ⓑ

A 汉语没学好也结婚   B 汉语没学好就不结婚
C 不学习汉语就结婚   D 不学习汉语不结婚

3 Ⓐ   Ⓑ

A 今天洗衣店没开门   B 洗衣店已经关门了
C 他们出去玩儿   D 洗衣店还没开门

4 Ⓐ   Ⓑ

A 东东的汉语水平不好   B 东东能翻译
C 东东想翻译   D 东东可能不能翻译

5 Ⓐ   Ⓑ

A 男的那儿   B 女的那儿
C 王明那儿   D 周老师那儿

다음 문장을 읽고 대화를 완성하세요.

师傅，你们把衣柜放在这儿吧。饭桌呢，放在厨房里。把床放在窗户前边。不要把桌子放在那儿，把它放在床左边。把茶桌子放在床右边。把电脑放在桌子上。把电视机放在客厅里。唉，冰箱怎么在屋里呢，你们快把它搬到厨房里去。啊！对了，洗衣机呢，把它搬到厕所里去吧。好了。你们辛苦了。下次搬家，我一定再跟你们公司联系。

(1) Ⓐ 她在干什么？

    Ⓑ 她在 ____________ 。

(2) Ⓐ 师傅可能是哪个公司的人？

    Ⓑ 师傅可能是 ____________ 。

(3) Ⓐ 把饭桌放在哪儿？

    Ⓑ 把饭桌放在 ____________ 。

(4) Ⓐ 她家有什么东西？

    Ⓑ 她家有 ____________ 。

단어

饭桌 fànzhuō 식탁 ｜ 茶桌子 cházhuōzi 티 테이블 ｜ 厨房 chúfáng 주방, 부엌 ｜ 辛苦 xīnkǔ ❶ 고생 (하다) ❷ 고생스럽다

다음 단어에 맞는 자리를 찾아 주세요.

(1) 在

　　她　A　把　B　我给的书　C　放　D　书架上了。

(2) 给

　　我　A　把　B　人民日报　C　交　D　她了。

(3) 给

　　我妹妹　A　把　B　我的笔记本电脑　C　弄坏　D　了。

(4) 不

　　我　A　把　B　汉语　C　学好　D　决不结婚。

(5) 到

　　我们　A　把床　B　搬　C　外边　D　去了。

다음 보기에서 알맞은 단어를 골라 빈칸에 넣으세요.

给　　只　　成　　到　　把

(6) 我把这篇文章给翻译　　　　韩文了。

(7) 师傅　　　　自行车给修好了。

(8) 我们吃了那　　　　鸡腿。

(9) 我把老爷爷送　　　　火车站了。

(10) 你把那本书寄　　　　我吧。

다음을 중국어로 써 보세요.

1 그 사람은 자기 자전거를 저한테 주었습니다.

2 저는 그를 집에 데려다 주었습니다.

3 그녀는 이 옷을 깨끗하게 빨았습니다.　(干净)

4 너 그 책 좀 나한테 부쳐 줘.

5 그는 공항에 가서 중국 손님들을 모셔 왔습니다.　(接)

6 그는 이 글을 중국어로 번역했습니다.　(成)

7 저는 인민일보를 그녀에게 주었습니다.　(人民日报)

8 그는 승용차를 어디로 몰고 갔습니까?　(轿车)

9 그는 차를 다 마셨습니다.

10 엄마는 동생을 방으로 데리고 들어오셨습니다.

接　jiē　마중하다, 맞이하다　│　人民日报　Rénmínrìbào　인민일보(조간 신문)　│　轿车　jiàochē　승용차

쿤밍의 볼거리 2

뎬츠 (滇池, 전지)

▼ 뎬츠

뎬츠는 흔히 '쿤밍후(昆明湖)'라고도 부른다. 지진으로 인한 단층 운동으로 생긴 호수로 쿤밍시의 서남쪽에 위치해 있으며, 남북으로 좁고 길게 뻗은 초승달과 같은 형상을 하고 있다. 호수는 해발 1,886m에 있으며, 면적은 318km²로 중국에서 여섯 번째로 큰 담수호다. 호수는 아득히 넓고 사방이 모두 푸른 산들로 둘러싸여 있어 경치가 매우 아름다우며, 호수에서 보트를 타거나 다양한 수상 스포츠를 즐길 수도 있다. 뎬츠 주변의 주요 관광 포인트로는 시산(西山), 다관러우(大观楼), 윈난민쭈춘(云南民族村, 운남민족촌), 하이겅 후빈궁위안(海埂湖滨公园, 해경 호빈공원), 바이위커우(白鱼口) 등이 있다.

시산 (西山, 서산)

시산은 쿤밍의 서쪽에 있는 비지산(碧鸡山), 화팅산(华亭山), 타이화산(太华山), 뤄한산(罗汉山), 관인산(观音山) 등의 총칭으로 그 산세가 10km나 이어진다. 시산 산맥에서 가장 아름다운 비지산(碧鸡山)은 뎬츠(滇池) 호숫가에 유연한 곡선을 그리며 솟아 있는데, 멀리서 바라보면 마치 누워 있는 여인의 모습 같아서 '잠자는 미인의 산(睡美人山)'이라는 별명으로 불린다. 시산의 주요 볼거리로는 룽먼(龙门), 화팅쓰(华亭寺), 싼칭거(三清阁), 타이화쓰(太华寺), 녜얼무(聂耳墓) 등이 있다. 그 가운데 깎아지른 듯한 절벽 위에 자리잡은 룽먼은 뎬츠(滇池)의 경치를 감상하기 가장 좋은 장소다. 룽먼으로 올라가는 길은 석공들이 13년 동안 밧줄에 아슬아슬하게 매달려 절벽의 돌을 파내고 깎아 만든 것으로 길가의 석벽에는 옛 사람들이 남긴 글씨들이 곳곳에 남아 있다.

다관러우 (大观楼, 대관루)

▲ 다관러우

뎬츠(滇池)의 북쪽 기슭에 위치한 다관러우는 청나라 강희 35년에 지어졌으며 그 후 지속적인 증축과 개축으로 상당한 규모를 이루었다. 다관러우는 뒤쪽으로는 성곽을 등지고 있고 앞쪽으로는 뎬츠를 향하고 있으며, 멀리 시산이 바라다보이는 명승지다. 옛날에는 매년 중추절(中秋节)이 되면 다관러우에 올라 달을 감상하는 풍습이 있었다고 한다. 다관러우는 청나라 때의 명사 손염옹(孙髯翁)이 쓴 '천하에서 가장 긴 대련'으로 유명해졌다. 손염옹이 쓴 대련은 무려 180자에 이르는데, 앞부분에서는 뎬츠의 풍물을 묘사하고 뒷부분에서는 윈난의 역사를 서술하고 있다. 이 대련은 단순히 길이만 긴 것이 아니라 힘찬 기세와 정교한 형식미를 갖춘 것으로 평가받고 있다.

윈난민쭈춘 (云南民族村, 운남민족촌)

▲ 윈난민쭈춘

윈난민쭈춘은 뎬츠의 동쪽 기슭에 위치한 소수민족 테마파크로, 면적이 톈안먼(天安门)의 2배인 80만m²에 달한다. 이곳에는 태족(傣族), 와족(佤族), 백족(白族), 납서족(纳西族) 등 윈난성에 살고 있는 여러 소수민족의 민속 마을이 지어져 각 민족의 청년들에 의해 자체적으로 관리되고 있으며, 매일 다채로운 전통 가무 및 스포츠 공연이 펼쳐진다. 특히, 태력 정월에 해당되는 양력 4월의 물 뿌리기 축제(泼水节)와 음력 6월 하순의 횃불 축제(火把

▲ 소수민족 공연

节) 같은 고유 명절에는 활발한 경축 행사가 열린다.

마치 윈난성 전체를 축소해 놓은 듯한 윈난민쭈춘 안을 거닐다 보면 윈난에 살고 있는 각 민족들의 생활 모습을 한자리에서 만날 수 있다. 그 밖에도 여기서는 독특한 소수민족 음식을 맛볼 수 있으며, 아름다운 수공예품을 살 수도 있다. 윈난 여행을 시작하기 전에 이곳을 들러 소수민족의 의·식·주를 이해한다면 여행에 도움이 될 것이다.

스린 (石林, 석림)

스린 풍경구는 쿤밍에서 동남쪽으로 약 100km 떨어진 스린 이족 자치현(石林彝族自治县) 내에 위치해 있다. 풍경구 전체의 면적은 약 350km²이며, 다스린(大石林), 와이스린(外石林), 뤼팡탕(绿蒡塘), 스린후(石林湖) 등으로 나뉘어진다.

스린은 전형적인 카르스트 지형으로, 원래 약 2억 7천만 년 전에는 해저였으나 지각의 융기 운동으로 솟아오른 뒤, 오랜 시간 풍화 작용을 거쳐 신비한 경관을 만들어냈다. 지상으로는 석봉들이 마치 숲처럼 비죽비죽 솟아 있으며, 지하로는 동굴이 곳곳에 분포해 있어 볼거리가

▲ 스린

풍부하다. 돌기둥들은 혼자 놓인 것도 있고 여러 개의 돌이 가로세로 엇갈려 한 덩어리가 된

▲ 스린의 살니족 아가씨들

것도 있으며, 형태도 버섯 모양, 죽순 모양, 꽃 모양 등 매우 다양하다. 스린 일대는 이족(彝族)의 한 갈래인 살니족(撒尼族)이 모여 사는 지역으로, 이곳의 가이드 중에는 민족 의상을 입은 아리따운 살니족 아가씨들이 많아서 눈을 즐겁게 해 준다.

出勤卡 chūqínkǎ
출근카드

工作卡 gōngzuòkǎ
사원카드

安排 ānpái
안배하다

文件 wénjiàn
서류

文件夹 wénjiànjiā
파일철

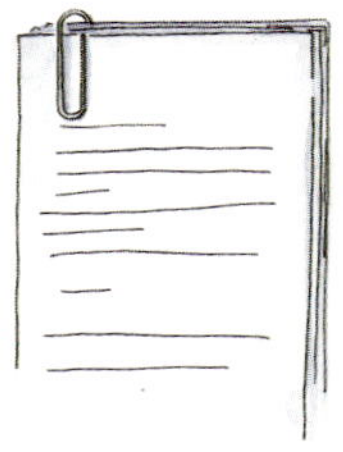

夹子 jiāzi
클립

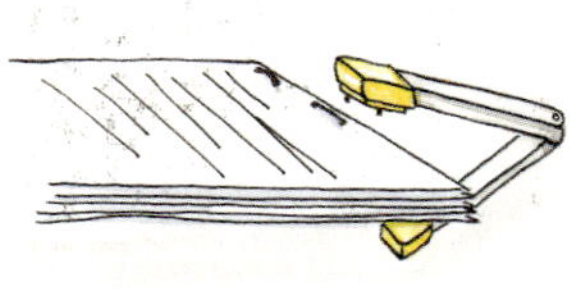

钉书器 dìngshūqì
호치키스

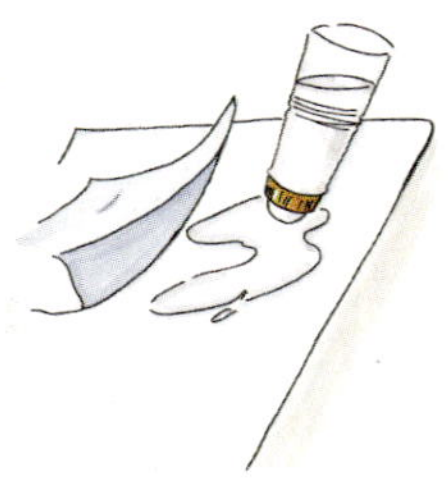

胶水儿 jiāoshuǐr
풀

PART 13

是不是被部长骂了一顿?

부장님한테 욕먹었지요?

Track 17

01

A : 你哥哥在家吗？

B : 我哥哥被他的朋友叫出去了。

02

A : 哎，你怎么不高兴了？

B : 我的蛋糕被弟弟吃掉了。

03

A : 你的衣服是不是叫人偷走了？

B : 我的衣服没叫人偷走。

04

A : 阳台上的鱼呢？

B : 一定是让猫给吃了。

단어

被 bèi (개사) ～에게 ～을 당하다 | 叫 jiào ❶ (개사) ～에게 ～을 당하다 ❷ (동사) 부르다 | 出去 chūqù 나가다 | 哎 āi (듣는 사람의 주의를 환기시킬 때) 저기, 애 | 高兴 gāoxìng 즐겁다, 기쁘다 | 蛋糕 dàngāo 케이크, 카스텔라 | 掉 diào (결과보어) ～해 버리다(동사 뒤에 쓰여 동사의 완성을 나타냄) | 阳台 yángtái 베란다, 발코니 | 鱼 yú 생선 | 一定 yídìng 반드시 | 让 ràng (개사) ～에게 ～을 당하다 | 猫 māo 고양이 | 给 gěi 피동문의 술어동사 앞에 직접 쓰여 강조함

144

상황 회화

Track 18

▶ 직장인(公司职员)치고 사표 낼 생각 한 번쯤 안 해 본 사람이 있을까? 오늘 우리의 金小英 양도 사표를 내겠다고 하는데…

李珉　小英姐，你怎么了？ 是不是哭了？

金小英　没有啊。谁哭了？

李珉　是不是又被部长骂了一顿？

金小英　没有。

李珉　那谁惹你生气了？

金小英　没有。李珉，我想辞职。

李珉　那也行。辞职回家给我做饭、洗衣服吧。

金小英　你说什么呀？

李珉　哈哈……我只是说希望如此……

金小英　算了…… 我说错了！

 단어

哭 kū 울다 ｜ 又 yòu 또 ｜ 骂 mà 욕하다 ｜ 顿 dùn 차례, 끼니, 번 ｜ 惹 rě (말이나 행동이) 상대방의 기분을 건드리다, 어떤 감정을 불러일으키다 ｜ 生气 shēngqì 화나다 ｜ 辞职 cízhí 사직하다 ｜ 做饭 zuòfàn 밥하다 ｜ 洗 xǐ 씻다, 빨다 ｜ 只是 zhǐshì 단지 ｜ 希望 xīwàng 희망 ｜ 如此 rúcǐ 이와 같다, 이러하다

1 피동문(被动句)

피동문은 동사 술어문의 특수한 형태로, 주어가 '처치'를 당하는 동작 대상이 되고, 개사 '被'가 동작 주체를 동반합니다. 해석은 '주어는 ~에 의해 ~(어떠한 조치를) 당하다'가 됩니다. 피동문을 만들 때는 전치사 '让·被·叫'를 써서 만들며 피동문의 동사는 뒤에 반드시 기타 성분을 동반해 동작의 결과, 정도, 시간 등을 설명합니다.

[기본 문형]

被
주어(피행동자) + 叫 + 목적어(행동자) + 동사 + 기타 성분
让

- 这个茶杯被他打碎了。
- 我被收音机吵醒了。
- 那辆自行车被小王搬到车库里去了。
- 我的词典让人借走了。
- 饺子都让他们吃完了。
- 暖瓶叫同桌不小心碰倒了。
- 小张叫我批评了一顿。

[피동문의 특징]
① 피동문에 쓰이는 주어는 특정한 것이어야 합니다.

- 我的毛巾(○)　　那个毛巾(○)　　一个毛巾(×)
- 那个毛巾让水冲走了。(○)
- 我的毛巾让水冲走了。(○)
- 一个毛巾让水冲走了。(×)

② 피동문에 쓰이는 술어 동사는 '처치'나 '영향'을 미치는 동사이어야 하고, 그로 인한 '결과'를 나타내는 부가적인 성분이 동반되어야 합니다. 피동문의 기타 성분으로 '가능 보어'와 동태조사 '着'는 쓸 수 없습니다.

- 那本书被我朋友拿走了。(○)
- 那本书被我朋友拿着。(×)

③ 특별히 행동자를 밝힐 필요 없이 '임의의 어떤 사람' 임을 나타낼 때는, '被' 뒤에 '人'
을 쓰지 않아도 되지만, '叫', '让' 뒤에는 반드시 '人' 을 써야 합니다.
  · 他被骂了一顿。(○)
  · 他叫骂了一顿。(×)

④ 피동문에 부사어가 나올 때는 '被', '叫', '让' 앞에 써 줍니다.
  · 那个孩子昨天被狗咬了。
  · 我的自行车刚被我哥哥骑走了。
  · 我们都被眼前的景色吸引住了。
  · 这样好的茶杯偏偏被他打碎了。

⑤ 피동문의 부정형은 부정부사 '没' 를 '被', '叫', '让' 앞에 써 주면 됩니다.
  · 自行车没被东东骑走。
  · 桌子上的东西没被他拿走。
  · 我的手表没叫人偷过。

⑥ '给' 가 피동문이나 처치문의 술어 동사 앞에 직접 쓰여 어기를 강하게 하기도 합니다.
  · 他让人给打了。
  · 那个小孩儿叫狗给咬了。

⑦ 개사 '被', '叫', '让' 대신 개사 '给' 를 쓰기도 합니다.
  · 小弟弟给雷声惊醒了。
  · 会场已经都给布置好了。

⑧ 피동문(被动句)과 처치문(把字句)은 호환할 수 있습니다.
  · 我弟弟把那听可乐喝了。
  = 那听可乐我弟弟他喝了。
  = 那听可乐被我弟弟喝了。(피동문)

Track 19

두 사람의 대화를 듣고 질문에 맞는 답을 찾으세요.

1 A ___ B ___

A 苹果　　　B 牛奶　　　C 蛋糕　　　D 包子

2 A ___ B ___

A 老鼠　　　　　　B 男的
C 猫　　　　　　　D 小狗

3 A ___ B ___

A 女的弟弟　　　　B 东东
C 男的　　　　　　D 李娜

4 A ___ B ___

A 很高兴　　　　　B 不高兴
C 头很疼　　　　　D 吃得很饱

5 A ___ B ___

A 下雨　　　　　　B 下雪
C 多云　　　　　　D 刮风

다음 문장을 읽고 대화를 완성하세요.

喂，你在那儿过得好吗？现在北京的天气怎么样？你这个坏蛋怎么没有消息，你是不是把我给忘了？啊！对了，上次你说的被偷走的自行车找到了吗？你的电脑还是老被病毒感染吗？哪天有时间你也上网跟我聊天儿吧。要不，你就给我回信。我天天打开收件箱看，却没有你的邮件。这时候，我心里多么难过，你知道吗？希望你早点儿给我回信。警告：如果你再没有消息，我就去找别的男人了。

(1)　Ⓐ　说话人在写什么？

　　　Ⓑ　说话人在写　　　　　　　　。

(2)　Ⓐ　说话人什么时候看收件箱？

　　　Ⓑ　说话人　　　　　　　看收件箱。

(3)　Ⓐ　男的现在在哪儿？

　　　Ⓑ　男的现在在　　　　　　　。

(4)　Ⓐ　如果男的没有消息的话, 女的想做什么？

　　　Ⓑ　如果男的没有消息的话, 女的　　　　　　　　　　。

단어

老 lǎo 늘 ｜ 坏蛋 huàidàn 나쁜 놈, 악당 ｜ 病毒 bìngdú 바이러스 ｜ 感染 gǎnrǎn 감염되다, 전염되다 ｜ 上网 shàngwǎng (인터넷에) 접속하다 ｜ 收件箱 shōujiànxiāng 수신함 ｜ 警告 jǐnggào 경고(하다) ｜ 邮件 yóujiàn 우편물

다음 단어에 맞는 자리를 찾아 주세요.

(1) 让

饺子　A　都　B　他们　C　吃　D　完了。

(2) 被

他的病　A　东东　B　治　C　好　D　了。

(3) 叫

自行车　A　小偷　B　偷　C　走　D　了。

(4) 让

他　A　人　B　给　C　打　D　了。

(5) 没

桌子上的　A　东西　B　被　C　他　D　拿走。

다음 보기에서 알맞은 단어를 골라 빈칸에 넣으세요.

给　　叫　　被　　没　　让

(6) 他让人 ＿＿＿＿ 骂了一顿。

(7) 我的手表 ＿＿＿＿ 叫人偷走。

(8) 我的毛巾 ＿＿＿＿ 水冲走了。

(9) 那本书 ＿＿＿＿ 我朋友拿走了。

(10) 我的毛衣已经 ＿＿＿＿ 我妹妹穿走了。

다음을 중국어로 써 보세요.

1 우리 오빠 친구한테 불려 나갔는데. (被)

2 이 찻잔은 그 사람이 깨뜨렸어요. (打碎)

3 제 수건이 물에 떠내려갔습니다. (毛巾) / (冲)

4 그 책은 제 친구가 들고 갔습니다. (被)

5 책상 위의 물건은 그가 가져가지 않았습니다.

6 그 사람은 남에게 맞았습니다.

7 텔레비전은 이 아이가 고장 냈습니다. (弄坏)

8 나 강아지한테 물렸어. (咬)

9 그 둘 사이를 우리한테 들켜 버렸습니다. (关系)

10 그는 욕을 한바탕 들었습니다. (骂)

打碎 dǎsuì (때려) 부수다 | 碎 suì 부서지다, 깨지다 | 毛巾 máojīn 수건 | 冲 chōng (홍수 따위가) 휩쓸다
弄坏 nònghuài ❶ (일을) 망치다, 실패하다 ❷ 망가뜨리다, 못 쓰게 하다 | 咬 yǎo 깨물다, 물다 | 关系 guānxi
관계, 관련 | 骂 mà 욕하다

환전하기

兑换 duìhuàn
환전하다

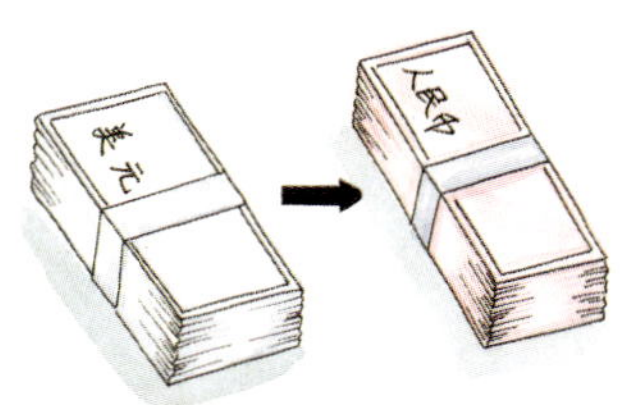

美元 / 人民币 měiyuán / rénmínbì
달러 / 인민폐

填 tián
(양식 등을) 작성하다

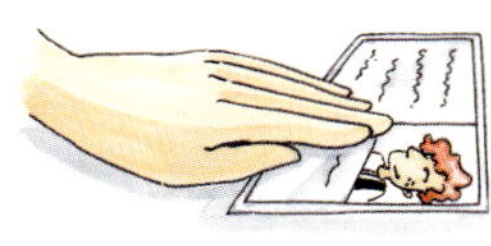

身份证 shēnfenzhèng
신분증

汇率 huìlǜ
환율

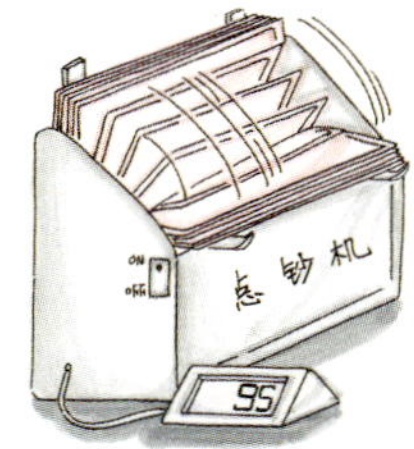

数 shǔ
(돈을) 세다, 헤아리다

确认 quèrèn
확인(하다)

钱包 qiánbāo
지갑

他有件事儿想跟你商量。

그는 당신하고 상의할 일이 있습니다.

학습목표

1 동사 술어문의 형식을 띠면서 '주어'가 동작의 '주체'가 아니고, 동작의 '대상'이 되는 문장을 의미상의 피동문(意义被动句)이라 합니다. 의미상의 피동문, 즉 '被'가 들어가진 않지만 피동의 뜻을 나타내는 문장에 대해 알아봅니다.
2 '有', '没有'를 쓰는 연동문(连动句)에 대해 알아봅니다.

기본호I호I

01

A : 今天的作业做完了？

B : 当然，那还用说！

02

A : 矿泉水送来了吗？

B : 嗯，已经送来了。

03

A : 小英，我有话想跟你说。

B : 什么话？ 快说吧。

04

A : 你们俩最近吵架了吗？

B : 没有，我们俩都忙得没时间见面。

단어

作业 zuòyè 숙제 | 完 wán 끝내다 | 当然 dāngrán 당연하다 | 矿泉水 kuàngquánshuǐ 생수, 광천수 | 送来 sònglái 보내오다 | 最近 zuìjìn 최근에 | 忙 máng 바쁘다 | 得 de 정도보어 만들 때 쓰는 구조조사

상황 호호화

Track **22**

➡️ 외근 나갔다 들어온 李珉, 밖에 눈이 얼마나 오는지 옷이 다 젖어 버렸네요.

同事　哟！你的衣服都湿了。外边还在下着雪吧？

李珉　外边雪下得真不小啊！

同事　这两天一会儿下雪，一会儿刮大风，真让人受不了。

李珉　就是嘛。下午还得去检查身体呢。

同事　这样的天气，真不想出去。

李珉　我也是。

同事　啊，对了！刚才赵部长找过你。

李珉　他找我有什么事儿啊？

同事　他说，他有件事儿想跟你商量。

李珉　知道了，我去找他吧。

 **단어**

湿 shī 젖다, 축축하다 ｜ 这两天 zhèliǎngtiān 요즈음 ｜ 一会儿… 一会儿… yíhuìr…yíhuìr… 금방 ~했다가 금방 ~했다가 ｜ 刮 guā 불다 ｜ 受不了 shòubuliǎo 견딜 수 없다, 참을 수 없다 ｜ 就是 jiùshì 그러게, 그렇고 말고 ｜ 嘛 ma ～잖아요 ｜ 检查 jiǎnchá 검사하다 ｜ 身体 shēntǐ 건강, 신체 ｜ 刚才 gāngcái 방금 ｜ 找 zhǎo 찾다 ｜ 商量 shāngliang 상의하다

1 의미상의 피동문(意义被动句)

· 我写文章。	· 文章已经写好了。
· 她洗衣服。	· 衣服洗得很干净。
· 他在开车。	· 车开得太快了。

오른쪽 문장들의 주어 '我', '他', '她' 는 각각 '写', '洗', '开' 를 하는 동작의 주체입니다. 그러나 왼쪽 문장들의 주어 '文章', '衣服', '车' 는 스스로 '写', '洗', '开' 를 할 수 없습니다. 이렇듯 '주어' 가 동작의 '주체' 가 아니고, 동작의 '대상' 이 되는 문장을 의미상의 피동문이라 합니다. 이러한 문장에는 '被' 를 쓰지 않습니다.

· 作业做完了。

· 我的钱包丢了。

· 那件衣服已经洗过了。

· 这月房租还没交呢。

· 困难已经克服了。

· 课文已经能念熟了。

· 衬衣洗得很干净。

· 汽车开得太快了。

· 青青的衣服送到宿舍里去了。

· 李娜的书放在桌子上了。

· 信已经寄走了。

2 有/ 没有를 쓰는 연동문

'有' 가 연동문의 첫 번째 동사로 오게 되면, 두 번째 동사는 보통 '有' 의 목적어의 용도에 대해 '보충 설명' 을 하게 됩니다. '有' 동사의 목적어는 의미상 두 번째 동사의 동작 대상이 됩니다. 부정형은 '没有' 를 씁니다. 해석은 '~할(하고 싶은 / 할 만한) ~가 있다 / 없다' 로 하면 됩니다.

· 我有钱花。

· 我有个问题想跟你商量。

· 我有很多话要跟你说。

· 我没有时间去吃饭。

· 他没有书看, 我给他借了几本。

'叫' 와 '让' 은 사역동사이자 피동 전치사로서 겸어문과 피동문에 쓰입니다.

① 叫

· 我叫了半天了。(동사로 쓰일 때)

· 你去叫他快来这儿。(사역동사로 쓰일 때)

· 桌子上的纸叫风刮散了。(피동 전치사로 쓰일 때)

② 让

· 先生让一下好吗? 我要下车。(동사로 쓰일 때)

· 我让你快走, 可你还不走, 这是什么意思? (사역동사로 쓰일 때)

· 我的自行车让人骑走了。(피동 전치사로 쓰일 때)

丢 diū 잃어버리다 | 房租 fángzū ❶ 집세 ❷ 숙박료 | 交 jiāo 넘기다, 내다 | 困难 kùnnan ❶ 곤란, 어려움 ❷ 곤란하다 | 克服 kèfú 극복하다 | 衬衣 chènyī 속옷, 셔츠

Track 23

두 사람의 대화를 듣고 질문에 맞는 답을 찾으세요.

1

A | B

A 作业还没做完
C 没有作业

B 作业已经做完了
D 吃饭后，想做

2

A | B

A 王明
C 李娜

B 东东
D 男的

3

A | B

A 东东
C 男的

B 女的
D 李娜

4

A | B

A 我也很高兴
C 我也是中国人

B 我也叫王明
D 我也想认识你

5

A | B

A 一份儿  B 两份儿  C 三份儿  D 四份儿 

다음 문장을 읽고 대화를 완성하세요.

> 一大早，我被妈妈叫起来了。听妈妈说，昨天她买回来的"刀鱼"没了。难道她以为我把它吃了？ 虽然我喜欢吃"刀鱼"，可我也不想把它生吃呀。我想了半天，终于明白了，阳台上的"刀鱼"肯定是让"笑笑"给吃了。这该死的"笑笑"是我家的小猫。因为它笑得特甜， 所以我家里人就叫它"笑笑"。可是它有一种坏习惯喜欢偷吃"鱼"。糟糕! 这只可怜的小猫今天又要被妈妈打一顿了。

（1）Ⓐ 说话人的家里发生了什么事儿？

　　Ⓑ ＿＿＿＿＿＿＿＿＿＿＿＿＿。

（2）Ⓐ 他想了半天，终于明白了。谁吃了"刀鱼"？

　　Ⓑ 他想了半天，终于明白了。＿＿＿＿＿＿吃了"刀鱼"。

（3）Ⓐ "笑笑"是谁？

　　Ⓑ "笑笑"是＿＿＿＿＿＿＿＿＿。

（4）Ⓐ 他家里人为什么叫它"笑笑"呢？

　　Ⓑ ＿＿＿＿＿＿＿＿＿＿，所以他家里人就叫它"笑笑"。

단어

刀鱼 dāoyú 갈치 ｜ 肯定 kěndìng ❶ 긍정하다 ❷ 긍정적이다 ❸ 확실히, 틀림없이 ｜ 甜 tián (맛이) 달다
糟糕 zāogāo ❶ 엉망이 되다 ❷ 아뿔싸, 아차 ｜ 可怜 kělián 가련하다, 불쌍하다

다음 단어에 맞는 자리를 찾아 주세요.

(1) 可

这　A　两天　B　我　C　没事儿　D　干。

(2) 没

他　A　有　B　书看，我给他　C　借了　D　几本。

(3) 叫

你　A　去　B　他　C　快来　D　这儿。

(4) 要

我　A　还有　B　很多　C　事情　D　做。

(5) 送

青青的衣服　A　到　B　宿舍里　C　去　D　了。

다음 보기에서 알맞은 단어를 골라 빈칸에 넣으세요.

擦　　修理　　商量　　没有　　让

(6) 我的自行车 ______ 人骑走了。

(7) 我 ______ 时间去吃饭。

(8) 爸爸的皮鞋 ______ 得很干净。

(9) 他的收音机 ______ 好了。

(10) 我有件事儿想跟你 ______ 。

다음을 중국어로 써 보세요.

1 글을 이미 다 썼습니다.　(文章)

2 제 지갑을 잃어버렸습니다.　(钱包)

3 차가 너무 빨리 달립니다.　(开)

4 책상 위의 종이는 바람에 흩어졌습니다.　(散)

5 내 여동생은 입을 바지가 없어.　(裤子)

6 보고서를 다 쓰면 저에게 주세요.

7 네가 말한 그 잡지는 네 가방에 넣어 놨어.

8 난 쓸 돈이 있다.

9 저는 밥 먹으러 갈 시간이 없습니다.

10 저는 당신한테 할 말이 너무 많습니다.

文章 wénzhāng 문장, 글　|　散 sàn 흩어지다　|　报告 bàogào ❶ 보고(하다) ❷ 보고서

다리는 어떤 곳일까?

▲ 다리구청의 성문

해발 1,900m의 고원에 위치한 다리(大理)는 1,200여 년 전에는 남조(南诏)의 땅이었고, 700여 년 전에는 대리국(大理国)의 수도였다. 다리는 역사적으로 오랫동안 윈난 고원의 정치적·경제적·문화적 중심지 역할을 하였으며, 현재는 세계적으로 유명한 관광 도시가 되었다. 다리의 주민은 백족(白族)이 주를 이루며, 백족 문화의 주요 발상지 가운데 하나로서 유적이 많이 남아 있다. 도시 주위로는 눈 덮인 창산(苍山)과 고산 호수인 얼하이(洱海)가 펼쳐져 있으며, '샤관(下关)의 바람, 상관(上关)의 꽃, 창산의 눈, 얼하이의 달'로 요약되는 아름다운 경치는 한 폭의 그림과도 같다. 다리는 크게 신시가지인 샤관(下关)과 구시가지인 다리구청(大理古城) 두 부분으로 나뉘어지며, 일 년 내내 봄처럼 온화한 기후를 보인다.

▲ 얼하이의 백족 아가씨들

다리의 볼거리

다리 구청 (大理古城, 대리고성)

지금의 다리구청은 명나라 때에 세워졌으며, 남쪽과 북쪽의 성문과 성벽 일부가 남아 있다. 다리의 전통적인 민가는 가운데의 마당을 둘러싸고 3면 또는 4면 모두에 건물이 들어선 폐쇄적인 구조를 특징으로 하는데, 생활하기에도 편리하고 예술적인 정취도 풍부하다. 이런 민가에서 백족(白族)의 싼다오차(三道茶)를 마실 기회가 생긴다면 매우 독특한 경험이 될 것이다. 다리 주민들은 모두 정원에 꽃과 화초를 기르는 습관이 있어서 고성은 가는 곳마다 꽃으로 가득 차 있다.

다리구청의 중심부에 위치한 후궈루(护国路)에는 대리석 제품 따위를 파는 민속 공예품점과 서양식 카페, 전통 음식점 등이 모여 있어서 항상 외국인 관광객으로 북적대기 때문에 속칭 '양런제(洋人街)'라고 불린다.

▲ 다리구청의 거리 풍경

충성쓰 싼타 (崇圣寺三塔, 숭성사 삼탑)

다리구청(大理古城)의 북서쪽 외곽에 위치한 충성쓰(崇圣寺)는 한때 방이 800여 칸에 이를 정도로 큰 절이었다고 한다. 하지만 이제 절은 없어지고 3개의 탑만 남아 있다. 세 탑 중에서 가장 큰 중앙의 탑은 높이가 69.13m나 되는 16층탑으로, 탑 꼭대기에는 행운을 상징하는 네 마리의 금시조가 주조되어 있다. 1970년 세 탑을 수리할 때 탑의 기단과 꼭대기에서 남조(南诏)와 대리국(大理国)의 진귀한 유물들이 대량 발견되기도 하였다. 청명한 고원의 하늘과 흰 구름을 휘감은 창산(苍山)을 배경으로 희고 날씬한 3개의 탑이 서 있는 모습은 무척 아름다운 장면이다. 특히 이곳에서 남쪽으로 1km 정도 떨어진 다오잉 궁위안(倒影公园, 도영 공원)에서 바라보면 작은 호수에 탑이 거꾸로 비치는 모습도 볼 수 있다.

▲ 충성쓰 싼타

얼하이 (洱海, 이해)

▲ 얼하이

얼하이는 해발 1,972m의 고원 호수로, 지도를 보면 마치 사람의 귀처럼 생겼다. 남북으로 41km나 길게 뻗어 있고 총면적은 250km²에 달하며, 세 개의 섬과 아홉의 굽이로 이루어져 있다. 밤이면 잔잔한 물결이 달빛을 받아 은은하게 빛나는 모습이 아름답고 신비스럽기까지 하며, 창산의 설경과 어우러져 '은빛의 창산과 옥 같은 얼하이(银苍玉海)'라고 불린다. 샤관(下关)에서 가까운 얼하이의 남쪽 끝부분에 위치한 얼하이 궁위안(洱海公园, 이해 공원)에는 얼하이 풍경을 감상할 수 있는 전망대가 있으며, 공원 내의 선착장에서 유람선을 타고 관광을 즐길 수 있다.

후뎨취안 (蝴蝶泉, 호접천)

▼ 후뎨취안

후뎨취안은 창산의 19개 봉우리 중에서 가장 북쪽에 있는 윈눙펑(云弄峰) 아래에 있는 작은 샘으로, 매년 늦봄부터 초여름까지 많은 나비들이 날아드는 것으로 유명하다. 때로는 수백수천 마리의 나비들이 서로 꼬리에 꼬리를 무는 식으로 한 덩어리가 되어 고목의 가지에서 연못의 수면까지 늘어져 있는 신기한 모습도 볼 수 있다. 연못 주위에는 여러 개의 정자와 누각이 있으며 나비 박물관도 있다. 매년 음력 4월 중순이 되면 전통적인 나비 축제인 후뎨후이(蝴蝶会)가 열려 수많은 관광객이 몰린다.

Track 24

窗户 chuānghu
창문

插头 chātóu
플러그

零散 língsan
너저분하다

掸 dǎn
(먼지를) 털다

垃圾桶 lājītǒng
쓰레기통

分类 fēnlèi
분류하다

干洗 gānxǐ
드라이클리닝

今天家里来了很多客人。

오늘 집에 손님이 많이 오셨습니다.

학습목표

어떤 장소에 사람이나 사물이 '존재'·'출현'·
'소실' 하는 것을 표현하는 존현문(存在句)에
대해 알아봅니다.

기본 호화

01

A : 桌子上放着什么东西呢？

B : 桌子上放着英文书和三支圆珠笔 。

02

A : 今天家里来了几个客人？

B : 今天家里来了五个客人。

03

A : 早上走了几个人？

B : 早上走了一个人。

04

A : 停车场里停着几辆车？

B : 停车场里没停着车。

단어

放 fàng 놓다 | 和 hé ~와 | 支 zhī (가늘고 긴 것에 쓰는 양사) 자루 | 圆珠笔 yuánzhūbǐ 볼펜 | 客人 kèrén 손님 | 停车场 tíngchēchǎng 주차장 | 停 tíng 정차하다, 주차하다 | 辆 liàng (차량을 셀 때 쓰는 양사) 대

Track **26**

▶ 겨울 바다를 보러 가는 李娜의 친구들이 같이 가자고 전화를 했건만, 李娜는 손님을 접대 하느라 외출 할 수가 없다.

同学 李娜，今天天气好极了，我们出去玩儿吧。

李娜 不行，我不能出去了。

同学 怎么了，是不是约了男朋友？

李娜 没有，今天家里来了很多客人。

同学 你家来了很多客人？谁来了？

李娜 大姑、二姑和表哥他们。

同学 是吗？那我知道了。你好好儿招待他们吧。

李娜 你们想去哪儿啊？

同学 我们想去大海看看。

李娜 是吗？祝你们玩儿得开心！

 **단어**

好极了 hǎojíle 너무 좋다 | 不行 bùxíng 안 된다 | 不能…了 bùnéng… le ～할 수 없다 | 约 yuē 약속
하다 | 大姑 dàgū 큰고모 | 表哥 biǎogē 외사촌 오빠 | 好好儿 hǎohāor 잘, 푹 | 招待 zhāodài 접대
하다, 초대하다 | 大海 dàhǎi 바다 | 祝 zhù ❶ 축하하다 ❷ ～하길 기원합니다 | 开心 kāixīn 즐겁다

1 존현문(存在句)

존현문 역시 동사 술어문의 특수한 형태입니다. 존현문은 어떤 장소에 사람이나 사물이 '존재', '출현', '소실' 함을 나타내는 동사 술어문을 말합니다.

주어	+	술어	+	기타 성분	+	목적어(존재 · 출현 · 소실)
장소를 나타내는 단어 (방위사 구조)		존재 · 출현 · 소실을 나타냄		了, 着, 进来 出来, 出去, 起来		

[기본 문형]
① 존재

　　· 墙上挂着一幅地图。

　　· 屋里坐着几个人。

② 출현

　　· 公司来了两个新职员。

　　· 公路上出现了示威队伍。

③ 소실

　　· 我们村里死了一头牛。

　　· 书架上少了一本书。

[존재를 나타내는 존현문의 특징]
어떠한 방식 · 상태로 존재하는가를 나타내는 동사에는 '站 · 躺 · 停 · 坐 · 靠 · 藏 · 漂 · 挂 · 贴 · 印 · 盖 · 摆 · 堆 · 装 · 压' 등이 있습니다. 이러한 동사 뒤에 '着' 가 동반될 때는 동작의 '진행' 을 나타내는 것이 아니라, 사물 존재의 방식이나 상태를 나타냅니다.

　　· 桌子上放着很多书。

　　· 床上躺着一个人。

존재를 나타내는 존현문의 또 하나의 특징은 대부분의 목적어 부분이 '수량＋목적어' 로 이루어져 있다는 것입니다.

· 操场上站着一些运动员，等着比赛。

[출현 · 소실을 나타내는 존현문의 특징]
① 출현과 소실을 나타내는 동사 뒤에 '了'를 동반
② 방향동사를 쓰던가, 아니면 동사 뒤에 방향동사를 써 주는 방식
　　· 不久前，这里发生了一次山火。
　　· 村里死了一个人。
　　· 门外进来了两个人。
　　· 山头上忽然漫起好大的雾。

[TIP]
존현문은 일반 술어문으로 고쳐 쓸 수 있습니다. 이때 의미상의 변화는 거의 없지만 강조하는 부분이 다릅니다. 존현문에서는 어떠한 장소에 어떤 사물이 존재하고 출현하고 소실한다는 것에 중점을 두지만, 일반 술어문에서는 어떤 사물이 어떤 장소에 존재하고 출현하고 소실한다는 것에 중점을 둡니다. 존현문은 환경이나 경물(풍경)의 묘사 · 설명을 하는 글 예를 들어 문학 작품 속의 풍경을 묘사하거나, 시나리오 부분의 무대 배경 설명, 설명문 속의 건축물 배치나 진열 등의 설명에 쓰입니다.
　　· 门口停着一辆汽车。
　　＝一辆汽车停在门口。
　　＝一辆汽车在门口停着。

职员 zhíyuán 직원, 사무원 ｜ 示威 shìwēi 시위(하다), 데모(하다) ｜ 队伍 duìwu 대열 ｜ 忽然 hūrán 갑자기, 돌연 ｜ 漫 màn ❶ (물이) 넘치다, 침수하다 ❷ 가득하다 ｜ 雾 wù 안개

두 사람의 대화를 듣고 질문에 맞는 답을 찾으세요.

1 Ⓐ   Ⓑ

- A 没有
- B 一辆
- C 三辆
- D 五辆

2 Ⓐ   Ⓑ

- A 跟她聊天儿
- B 跟她一起去买东西
- C 跟她一起去商店
- D 借她的自行车

3 Ⓐ   Ⓑ

A 妈妈　　　　B 朋友　　　　C 老师　　　　D 警察

4 Ⓐ   Ⓑ

- A 10个
- B 2个
- C 4个
- D 6个

5 Ⓐ   Ⓑ

- A 日本杂志
- B 笔
- C 英文杂志
- D 汉语书

다음 문장을 읽고 대화를 완성하세요.

> 李娜的屋子打扫得很干净，布置得很漂亮。桌子上放着很多书，墙上挂着两幅画儿。这两幅画儿，我越看越喜欢。她说，我喜欢它们就让我把它们拿走。我高兴得不得了。一会儿，东东和王明也来了。他们带着31冰淇淋来了。我们玩儿石头、剪子、布游戏，谁赢了谁吃。小胖子东东吃得最多。我没吃够。吃完冰淇淋，我们出去吃火锅了。

(1) Ⓐ 李娜的屋子怎么样?

   Ⓑ 李娜的屋子 ＿＿＿＿＿＿。

(2) Ⓐ 除了说话人以外, 谁来了?

   Ⓑ 除了说话人以外, ＿＿＿＿＿＿。

(3) Ⓐ 他们玩儿了什么游戏?

   Ⓑ 他们玩儿了 ＿＿＿＿＿。

(4) Ⓐ 谁赢得最多?

   Ⓑ ＿＿＿＿＿ 赢得最多。

단어

31冰淇淋 Sānshíyī Bīngqílín 베스킨라빈스 ｜ 石头 shítou 바위 ｜ 剪子 jiǎnzi 가위 ｜ 布 bù 보 ｜ 赢 yíng 이기다

다음 단어에 맞는 자리를 찾아 주세요.

(1) 着

　　停车场里　A　停　B　好多　C　名车　D。

(2) 了

　　公司　A　来　B　两个　C　新职员　D。

(3) 都

　　A　两边　B　墙上　C　挂着　D　山水画。

(4) 没

　　我　A　有　B　空儿　C　跟你　D　聊天儿。

(5) 过

　　晚上八点　A　来　B　一个　C　干部　D。

다음 보기에서 알맞은 단어를 골라 빈칸에 넣으세요.

> 着　搬　出现　停　没

(6) 桌子上放　　　　很多汉语书。

(7) 教室里　　　　出去三把椅子。

(8) 公司门口　　　　着一辆黑色的轿车。

(9) 最近他家　　　　来客人。

(10) 他家前边又　　　　了一只熊猫。

다음을 중국어로 써 보세요.

1 아침에 한 사람이 갔어요.

2 벽에 지도 하나가 걸려 있습니다.

3 책꽂이에 책 한 권이 비네요.

4 마을에서 한 사람이 죽었습니다.　(村)

5 입구에 차 한 대가 세워져 있습니다.　(一辆)

6 침대에 아이 하나가 누워 있습니다.　(躺)

7 앞쪽에서 두 사람이 걸어왔습니다.　(过来)

8 방금 차가 한 대 지나갔습니다.　(刚才)

9 우리 집에서 귀중품을 잃어버렸습니다.　(丢)

10 이 공책엔 이름이 써 있지 않습니다.　(本子)

村 cūn 마을, 시골 ｜ 躺 tǎng 눕다 ｜ 贵物品 guìwùpǐn 귀중품

话筒 huàtǒng
수화기

通话信号 tōnghuà xìnhào
통화 수신음

拨号 bō hào
(전화의) 번호를 누르다

电话铃 diànhuàlíng
전화벨

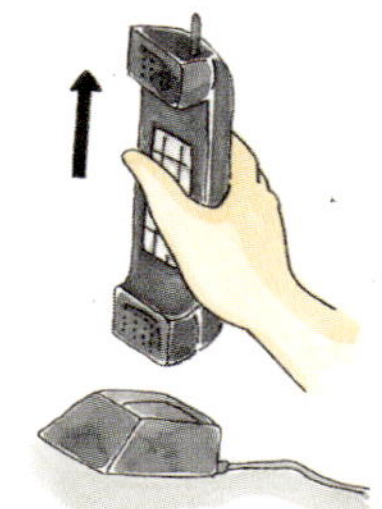

提起 tíqǐ
(수화기를) 들다

留言 liúyán
메시지(를 남기다)

挂 guà
끊다

你是什么时候到的？

언제 도착하셨는데요?

학습목표

이미 발생한 동작에 대해 그 발생한 '시간' · '지점' · '동작의 방식' 등을 강조해 주는 '是…的' 구문에 대해 알아봅니다.

기본 회화

01

A : 你是什么时候到的？

B : 我是前天到的。

02

A : 你是怎么去的？

B : 我是坐飞机去的。

03

A : 你是在哪儿买的？

B : 我是在易买得买的。

04

A : 你们是昨天见的面吗？

B : 我们不是昨天见的面，是今天早上见的面。

단어

是…的 shì … de ~한 것이다 | 到 dào 도착하다 | 前天 qiántiān 그저께 | 坐 zuò 타다 | 飞机 fēijī 비행기 | 易买得 Yìmǎidé 이마트

176

상황 호호화

Track 30

▶ 중국 출장에서 돌아온 李珉과 金小英이 오랜만에 재회하는데…

金小英	你出差回来了？
李珉	回来了。
金小英	你是什么时候到的？
李珉	是昨天晚上到的。
金小英	到了家怎么没给我打电话呢？
李珉	我凌晨一点才到家，不想打扰你，所以……
金小英	那个时候，我还没睡呢。
李珉	是吗？来，这个给你。
金小英	这是什么呀？
李珉	我在免税店买的，不知你喜不喜欢。
金小英	你给的我怎么能不喜欢呢？

단어

出差 chūchāi 출장하다 ｜ 凌晨 língchén 새벽 ｜ 才 cái 비로소 ｜ 打扰 dǎrǎo 방해하다, 지장을 주다 ｜ 所以 suǒyǐ 그래서 ｜ 那个时候 nà ge shíhou 그때 ｜ 睡 shuì 자다 ｜ 免税店 miǎnshuìdiàn 면세점 ｜ 怎么能…呢？ zěnme néng…ne 어떻게 ~할 수 있는가?

1 '是…的' 강조용법

이미 발생한 동작에 대해 그 발생한 '시간', '지점', 또는 '동작의 방식' 등을 강조할 때, '是…的' 구문을 씁니다. '是'는 강조하는 내용 앞에 놓이고, '的'는 문장 끝에 놓습니다. 이때, '是'는 생략할 수 있지만 '的'는 생략할 수 없습니다.

[기본 문형]
- 她是前天到的。
- 他是昨天从上海来的。
- 你是什么时候来中国的？
- 我是在路上碰到王老师的。
- 他是从美国来的。
- 他们是坐火车去北京的。
- 孟老师是跟他爱人一起来的。

[특징]
① '是…的' 구문에서, 동사의 목적어가 '명사'일 때는 '的' 앞, 뒤에 놓을 수 있습니다.
- 他是在房间里找到的钱包。
- 我是二零零三年大学毕业的。
- 他们是在公园照的相。
- 你是在哪儿上的车？

② 목적어가 인칭대명사이거나 문장 속에 방향보어가 나올 때는 '的'가 문장 끝에 위치합니다.
- 我是在学校门口看见他的。
- 我们是去年见他的。
- 小文是上午打电话来的。

③ '是…的' 구문의 부정형은 '不是…的'로 이때는 '是'를 생략할 수 없습니다.
- 他不是跟他的朋友一起去日本的。

· 我们不是昨天到的，是今天到的。
· 印先生他们不是走着去的，是开车去的。

④ '是…的' 구문은 이미 완성된 동작이나 행위를 강조하는 것이기 때문에 단순하게 '완
성'의 의미만 나타내는 '了'는 쓰지 않습니다.
· 他们是坐火车去北京的。(○)
· 他们是坐火车去北京了。(×)
· 我是在学校门口遇到他的。(○)
· 我是在学校门口遇到了他的。(×)

照 zhào (사진·영화를) 찍다 ｜ 照相 zhàoxiàng 사진 ｜ 遇到 yùdào 만나다, 마주치다

Track 31

두 사람의 대화를 듣고 질문에 맞는 답을 찾으세요.

1 Ⓐ ⬜ Ⓑ ⬜

A 天津动物园 B 北京动物园
C 上海动物园 D 首尔动物园

2 Ⓐ ⬜ Ⓑ ⬜

A 坐出租汽车 B 坐地铁
C 坐公共汽车 D 坐火车

3 Ⓐ ⬜ Ⓑ ⬜

A 前年 B 去年
C 今年 D 还没毕业

4 Ⓐ ⬜ Ⓑ ⬜

A 8：10 B 8：40
C 4：10 D 4：40

5 Ⓐ ⬜ Ⓑ ⬜

A 她朋友 B 她一个人 C 她妈妈 D 她爸爸

다음 문장을 읽고 대화를 완성하세요.

吃午饭后，休息一会儿，喝杯茶真让人觉得舒服。我这儿有龙井茶、乌龙茶、红茶、菊花茶，还有八宝茶。这都是我从中国带来的。我喜欢喝中国茶，不喜欢喝咖啡。每次去中国出差，我都带中国茶回来。上次我去杭州带了龙井茶来。现在我朋友们也喜欢喝中国茶了。他们说，他们被我传染了。今天我们要聚会，晚上我的中国朋友美美请我们品尝普洱茶。

(1) Ⓐ　说话人喜欢喝什么茶？

　　Ⓑ　说话人喜欢喝　　　　　　　。

(2) Ⓐ　现在说话人有什么茶？

　　Ⓑ　现在说话人有　　　　　　　　　　。

(3) Ⓐ　说话人去杭州出差的时候带什么来了？

　　Ⓑ　说话人去杭州出差的时候　　　　　　　　。

(4) Ⓐ　他们今天为什么聚会？

　　Ⓑ　他们　　　　　　　　　。

단어

龙井茶 lóngjǐngchá 용정차 ｜ 八宝茶 bābǎochá 팔보차 ｜ 出差 chūchāi 출장하다 ｜ 传染 chuánrǎn 전염하다, 감염하다 ｜ 聚会 jùhuì ❶ 회합, 모임 ❷ 모이다 ｜ 品尝 pǐncháng 시식하다, 맛보다 ｜ 普洱茶 pǔ'ěrchá 보이차(운남성 보이산에서 나는 차)

다음 단어에 맞는 자리를 찾아 주세요.

(1) 一个人

　　A 他 B 是 C 来 D 的。

(2) 是

　　他 A 去年 B 大学 C 毕业 D 的。

(3) 他

　　A 我 B 在学校门口 C 见到 D 的。

(4) 出差

　　你 A 是 B 什么时候 C 去北京 D 的？

(5) 不

　　我 A 是 B 今天早上 C 到 D 韩国的。

다음 보기에서 알맞은 단어를 골라 빈칸에 넣으세요.

| 去年　去　碰到　不是　买 |

(6) 我是在易买得　　　　的。

(7) 我朋友是　　　　去中国的。

(8) 人家已经　　　　小孩儿了。

(9) 你们是怎么　　　　的？

(10) 我是在路上　　　　王老师的。

다음을 중국어로 써 보세요.

1 저는 그저께 도착했습니다. (是…的)

2 우리는 어제 만난 게 아니라, 오늘 아침에 만난 거야. (是…的)

3 너 언제 도착했는데? (是…的)

4 그는 어제 상하이에서 온 것입니다. (是…的)

5 그 사람들은 기차를 타고 베이징에 간 것입니다. (是…的)

6 그 사람들은 공원에서 사진을 찍었습니다. (是…的)

7 나는 학교 앞에서 그 여자를 봤습니다. (是…的)

8 우리는 영화관에서 영화를 본 게 아니라, 우리 집에서 영화를 봤습니다.

9 우리는 베이징 동물원에서 판다를 본 겁니다. (动物园 / 熊猫)

10 그는 도서관에서 공부했어요. (是…的)

단어

照 zhào (사진·영화를) 찍다 │ 照相 zhàoxiàng 사진 │ 动物园 dòngwùyuán 동물원 │ 熊猫 xióngmāo 판다

Travel *in Lijiang*

리장은 어떤 곳일까?

윈난성의 서북부에 위치한 리장은 납서족(纳西族)의 주요 주거지이자 동파(东巴) 문화의 중심지다. 마치 일 년 내내 눈이 쌓인 위룽쉐산(玉龙雪山)을 배경으로 하여, 시간이 멈춘 듯 수백 년 전의 거리와 집들을 고스란히 간직한 리장구청(丽江古城)이 아름답게 펼쳐져 있다. 반면 그 옆으로는 현대적인 신시가지가 빠른 속도로 확장되고 있어서 각종 시설을 편리하게 이용할 수 있다. 주요 명승지로는 윈산핑(云杉坪), 헤이룽탄(黑龙潭), 그리고 인근의 후탸오샤(虎跳峡) 등이 있다. 한편 납서족의 고전 음악인 '동경 음악(洞经音乐)'은 세계 음악사의 살아 있는 화석으로 불리는데, 그 단아하고 소박한 풍격으로 찬사를 받고 있다.

▲ 납서족의 고전 음악 연주

리장의 볼거리

▼ 리장구청

리장구청 (丽江古城, 여강고성)

리장은 지난날 윈난에서 티베트로 차와 기타 생필품을 운반하던 교역로인 차마고도(茶马古道)와 남방 비단길이 지나가는 길목에 위치한 주요 도시였다. 리장구청은 송나라 말, 원나라 초에 건설되어 이미 700여 년의 역사를 가지고 있으며, 현재 남아 있는 고성의 면적은 약 2km²이다. 고성은 쓰팡제(四方街)를 중심으로 하여, 석판이 깔린 46개의 길과 골목이 거미줄처럼

▼ 고성 안의 개울가 찻집

연결되어 있으며 크고 작은 다리는 86개에 달한다. 이곳의 민가는 대부분 가운데에 마당이 있고 3면 또는 4면에 건물이 둘러싸고 있는 전통적인 구조를 가지고 있다. 전설에 따르면 납서족 수장의 성이 목(木)씨였는데, '木'에 담장을 두르면 '困(궁할 곤)'이 되어 버리기 때문에 리장의 집들은 담을 쌓지 않게 되었다고 한다.

위룽쉐산(玉龙雪山)에서 흘러내린 세 줄기 개울이 고성을 가로지르고 있어서, 그 맑은 물소리가 이 고성에 생기를 불어넣고 있다. 고풍스러운 거리와 집들, 조용하고 한가로운 납서족 사람들의 일상 생활은 성 밖의 파란 하늘과 흰 구름, 눈 덮인 산과 어우러져 한 폭의 아름다운 그림을 연출해 낸다. 리장구청은 유네스코의 〈세계 문화 유산〉으로 지정되어 있다.

헤이룽탄(黑龙潭, 흑룡담)

▲ 헤이룽탄

헤이룽탄은 시내 북쪽에 있는 연못의 이름이며, '위취안(玉泉)'이라고도 불린다. 물이 맑고 짙은 푸른빛을 띄며, 수면에 위룽쉐산(玉龙雪山)의 모습이 거꾸로 비치는 모습이 무척 아름답다. 중국의 저명한 문학가 궈모뭐(郭沫若)은 일찍이 "헤이룽탄에 13봉우리가 거꾸로 비치니, 잠룡이 하늘에 있고 비룡이 땅에 있구나. 위룽쉐산의 물이 반 리를 흘러, 검은 옥을 몸으로 삼고 푸른 옥을 정신으로 삼네(龙潭倒映十三峰, 潜龙在天, 飞龙在地; 玉水纵横半里许, 黑玉为体, 苍玉为神)"라는 시를 지어 이 경치를 칭찬하였다. 공원 내에는 뛰어난 조형미를 갖춘 우펑러우(五凤楼)를 비롯하여 박물관과 동파(东巴) 문화 연구소 등이 있다.

위룽쉐산(玉龙雪山, 옥룡설산)

위룽쉐산은 지구 북반구에서 가장 남쪽에 위치한 만년설산으로, 진사장(金沙江)의 동쪽 강가에 약 35km에 걸쳐 13개의 산봉우리가 우뚝 솟아 있으며 산꼭대기에 쌓인 눈은 옥룡이 가로 누워 있는 듯한 형상을 하고 있다. 위룽쉐산은 해발 1,800~4,500m에 이르러 아열대에서 한대에 이르는 다양한 기후를 보이며 각기 다른 식물군을 형성하고 있다. 위룽쉐산 풍경구에는 윈산핑(云杉坪), 마오뉴핑(牦牛坪), 간하이즈(甘海子), 바이수이허(白水河) 등의 관광 포인트가 있는데, 높고 험준한 설산과 구불구불한 얼음 계곡을 배경으로 울창한 숲과 푸른 풀밭이 펼쳐져 있는 빼어난 경치로 유명하다.

▲ 위룽쉐산

후탸오샤(虎跳峡, 호도협)

▲ 후탸오샤

'천하 제일의 협곡'이라고 일컬어지는 후탸오샤는 스구(石鼓)에서 동북쪽으로 50km 떨어진 곳에 있다. 협곡의 양쪽에는 위룽쉐산(玉龙雪山)과 하바쉐산(哈巴雪山)이 까마득히 치솟아 있는데, 봉우리 정상에서 협곡 바닥까지의 높이 차이는 약 3,900m에 달한다. 상류에서는 넓고 평탄하게 흐르던 진사장(金沙江)의 강줄기가 이곳에서 갑자기 좁아져 폭이 겨우 30m밖에 안 되는 협곡이 된다. 게다가 강의 한복판은 거대한 바위들로 가로막혀 있고 곳곳에 험난한 여울이 있어서, 거센 급류가 우레와 같은 굉음을 내며 소용돌이쳐 흐르는 장엄한 광경을 연출한다.

memo

memo

단계별 학습 프로그램 추천 교재

Happy Chinese

최고를 향해 **한 발 한 발** 나아가는 **절대커리큘럼**

중국어교실 시리즈

| 종합 | 회화 |

초급

Happy Chinese 중국어교실
초급 1~6
각권 1개월씩 총 6개월 과정

Happy Chinese 중국어교실
초급 上·中·下(초급1~6의 합본)
각권 2개월씩 총 6개월 과정

Happy Chinese 중국어교실
회화편 초급 2개월 과정

중급

Happy Chinese 중국어교실
중급 1~4
각권 1개월씩 총 4개월 과정

Happy Chinese 중국어교실
중급 上·下(중급1~4의 합본)
각권 2개월씩 총 4개월 과정

Happy Chinese 중국어교실
회화편 중급 2개월 과정

고급

Happy Chinese 중국어교실
고급 1~2
각권 1개월씩 총 2개월 과정

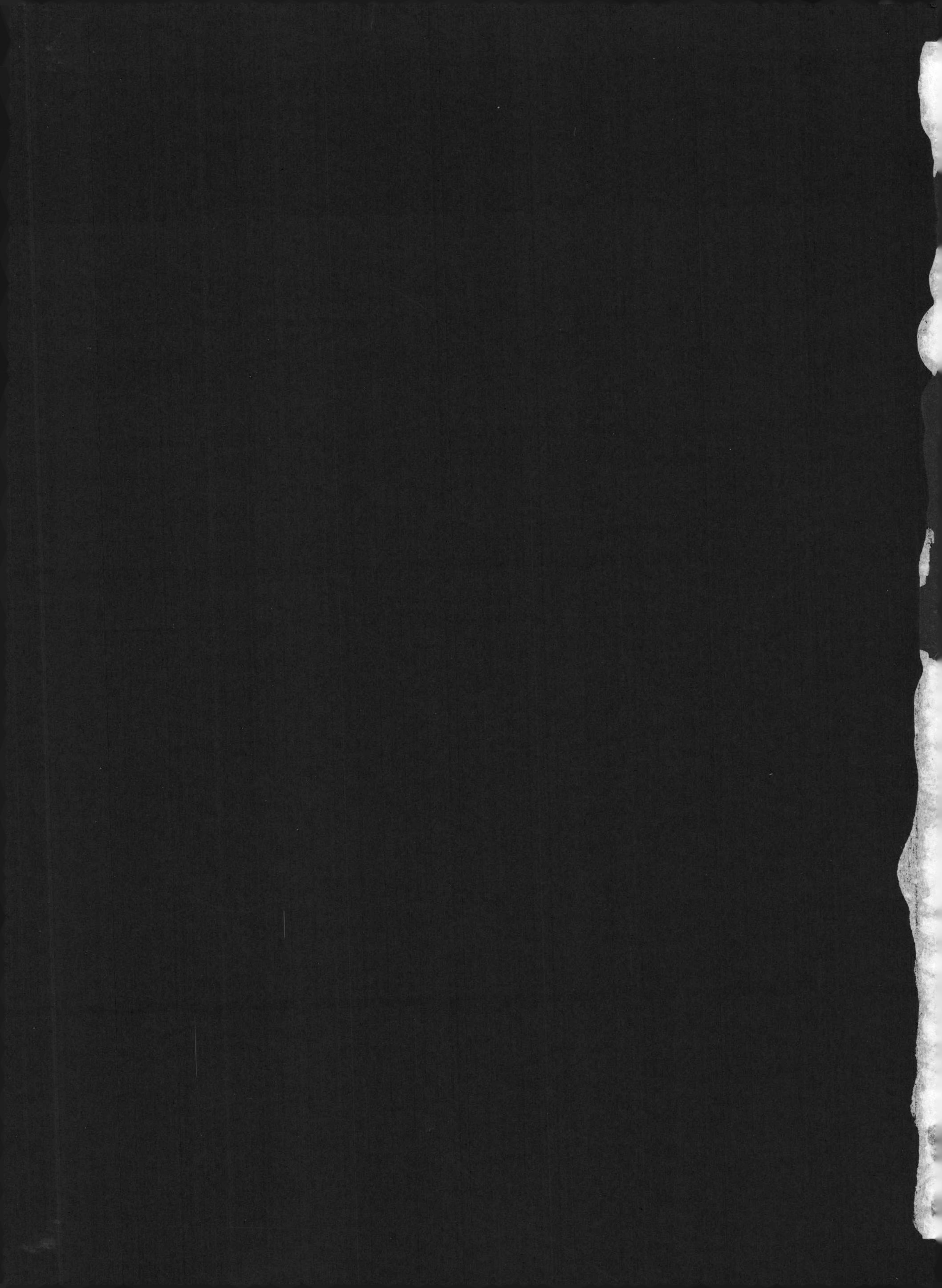